Bruno Kern

KARL MARX

Ökonom – Redakteur – Philosoph

Den jungen GenossInnen von solid
in Mainz, Alzey und Bingen

Inhalt

Anhang

EINFÜHRUNG: ZUR BLEIBENDEN AKTUALITÄT EINES HUMANISTISCHEN DENKERS

Vom Standpunkt einer höhern ökonomischen Gesellschaftsformation wird das Privateigentum einzelner Individuen am Erdball ganz so abgeschmackt erscheinen wie das Privateigentum eines Menschen an einem andern Menschen. Selbst eine ganze Gesellschaft, eine Nation, ja alle gleichzeitigen Gesellschaften zusammengenommen sind nicht Eigentümer der Erde. Sie sind nur ihre Besitzer, ihre Nutznießer, und haben sie als boni patres familias den nachfolgenden Generationen verbessert zu hinterlassen. (TS 388 / MEW 25, 784)

In einer Situation, in der die elementarsten Lebensgrundlagen wie etwa Wasser, Saatgut oder fruchtbarer Boden privaten Profitinteressen unterworfen werden und in der sogar noch aus der Zerstörung der Natur ein Geschäftsmodell gemacht wird (CO_2-Emissionshandel), könnte die Aktualität von Karl Marx nicht treffender demonstriert werden als mit diesem Zitat aus dem dritten Band des *Kapital*. Bei aller Kritik im Einzelnen ist seine Analyse der *Wachstumsdynamik* der kapitalistischen Ökonomie gerade angesichts heute deutlich werdender Grenzen des Wachstums aktueller denn je. Seine Beschreibung des Kapitalismus als *Fetischismus*, das heißt als eines Prozesses, der zwar seinen Ursprung in den mit Händen und Köpfen begabten Subjekten hat, sich aber zur Gewalt über sie verselbstständigt, findet gerade heute reiches Anschauungsmaterial. Mit seinem historischen Materialismus, also dem Rückbezug aller Lebensäußerungen und aller geistigen Sphären des Menschen darauf, wie sie in Auseinandersetzung mit der Natur ihr Leben selbst produzieren – und der überhaupt nichts mit einem weltanschaulichen Materialismus zu tun hat, der in einem metaphysischen Sinne alles auf Materie reduzieren will –, hat der Philosoph Marx einen Maßstab gesetzt, hinter den man m. E. heute nicht mehr zurückfallen darf. Eng damit verbunden ist sein Begriff von Ideologie als eines verkehrten Bewusstseins, das exakt einem verkehrten gesellschaftlichen Sein entspricht. Damit wurde Marx zu einem der großen »Meister des Verdachts« – wie später von einem ganz anderen Ausgangspunkt her Sigmund Freud. Im Gegensatz zu so manchen sozialistischen Denkern vor und nach ihm hat Marx gezeigt, dass die von der Französischen Revolution formulierten Postulate der Solidarität (»Brüderlichkeit«) und der Freiheit keine gegensätzlichen Ansprüche sind, die mühsam in einem stets prekären Gleichgewicht zu halten wären, sondern im Gegenteil: dass sie einander bedingen und dass sich das Individuum umso freier entfalten kann, je konsequenter die Produktionsmittel der solidarischen Verwaltung unterworfen werden, anstatt sie der Anarchie privater Gewinnmaximierung zu überlassen. Dieser emphatische Freiheitsbegriff ist imstande, den flachen neoliberalen Zeitgeist gründlich zu entlarven. Dies alles ist Grund genug, den Philosophen und Ökonomen Karl Marx nicht ins Museum zu verbannen, sondern ihn in kritischem Denken und gesellschaftlicher Praxis lebendig werden zu lassen.

Allerdings: Einem so schöpferischen Denker wie Karl Marx wird man nur dann gerecht, wenn man sich das Denken eben nicht von ihm abnehmen lässt, sondern vielmehr im selben kritischen Geist und mit demselben Anspruch der Herstellung solidarischer Verhältnisse die Probleme des 21. Jahrhunderts angeht. Erst wenn man Marx innerhalb seiner Epoche begreift, erst wenn man sein Denken von den Schlacken des 19. Jahrhunderts befreit, wird sein Werk sich in seiner bleibenden Gültigkeit bis heute bewähren. So ist denn auch deutlich auf seine Grenzen hinzuweisen. An erster Stelle sind hier sein *Produktivismus* und *Industrialismus* zu nennen, die es heute entschieden zu überwinden gilt. Angesichts der

Bedrohung unserer natürlichen Lebensgrundlagen steht eben nicht nur der Kapitalismus mit seinem inhärenten Wachstumszwang, sondern auch der Industrialismus zur Disposition. Marx hielt die Entwicklung der Produktivkräfte, also des technischen Produktionsapparats, für die entscheidende Dynamik des Fortschritts. Erst auf dieser Grundlage könne auch das gesellschaftliche Verhältnis revolutioniert werden. Wir wissen heute, dass sich die Entwicklung der modernen Industriegesellschaften der gnadenlosen Ausbeutung fossiler Ressourcen verdankt, deren Endlichkeit uns nun schmerzlich bewusst wird. Im Gegensatz zu Marx stehen wir vor der Aufgabe, auf einer viel schmaleren materiellen Basis eine solidarische Gesellschaft zu errichten. Dass uns heute suggeriert wird, wir könnten die wegbrechende fossile Basis völlig durch erneuerbare Energien und intelligente Effizienzstrategien ersetzen, muss sich als infantile Science-Fiction-Fantasie erweisen, die Marx heute wohl ideologiekritisch entlarven würde.

Auch eine immer noch nicht überwundene *Arbeiterbewegungsnostalgie* wird dem Anspruch eines kritischen Denkens im Anschluss an Marx nicht gerecht. Marx sah in der Industriearbeiterschaft das eigentliche Subjekt der gesellschaftlichen Transformation, da sich diese Klasse aufgrund ihrer objektiven Lage nur selbst befreien kann, indem sie die Gesellschaft insgesamt befreit. Auf unsere heutigen westlichen Industriegesellschaften trifft diese Diagnose aber gewiss nicht zu. Hier gehört die »Arbeiterklasse« zu den ins System fest eingebundenen Profiteuren eines globalen Kapitalismus, der sein brutales Antlitz ganz anderswo entblößt: bei den Opfern des Klimawandels in Afrika und Asien, bei den völlig ausgegrenzten Bevölkerungsmehrheiten der Länder des Trikont, die allerdings kaum über politische Durchsetzungsfähigkeit verfügen. Und angesichts der Notwendigkeit des Rückbaus unserer Industriegesellschaft ist es nicht sehr plausibel, dass sich das Allgemeininteresse der Gesellschaft gerade im Partikularinteresse der Industriearbeiterschaft manifestieren sollte. Festzuhalten wäre freilich am eigentlichen Kern des Marx'schen Gedankens: dass sich nämlich der wahre Charakter einer Gesellschaft an denen zeigt, die von ihr faktisch ausgeschlossen sind, und dass diese Ränder der Gesellschaft am ehesten das Potenzial schöpferischer Veränderung in sich bergen.

Als fatal erwies sich auch die Konstruktion einer *Logik der historischen Entwicklung*, die den Geschichtsverlauf angeblich prognostizierbar macht. Fatal ist sie deshalb, weil die Berufung auf einen bestimmten Geschichtsverlauf, in den man als »Marxist« selbst eine privilegierte Einsicht hat, und den man so im Gegensatz zum politischen Gegner eher durchschaut, sehr leicht zur Legitimationsbasis für Gewalt und Totalitarismus werden kann. Marx hat den Geschichtsverlauf aus dem dialektischen Spiel zwischen Produktivkraftentwicklung und Produktionsverhältnissen (also den Eigentumsverhältnissen) verstanden. Auf einem bestimmten Stand der Entwicklung der Produktivkräfte wird das Korsett des Gesellschaftsverhältnisses zu eng und deshalb gesprengt. Was m. E. ein brauchbarer Schlüssel zum Verständnis des Übergangs von der Feudalgesellschaft in die bürgerliche Gesellschaft, also für das Verständnis der Französischen Revolution ist, hat Marx als Passepartout auf die Geschichte insgesamt angewandt. Das dogmatische Festhalten an einer solchen Etappenlogik hat vor allem im 20. Jahrhundert zu fatalen politischen Irrtümern geführt. Demgegenüber wäre heute die *Kontingenz geschichtlicher Prozesse* neu zu erkennen und ohne die Rückendeckung eines unterstellten Gesamtsinns nach dem jeweils konkreten emanzipatorischen Potenzial zu fragen, das sich in einer konkreten Situation erschließt.

Zu Recht hat Marx im Sinne seines historischen Materialismus die Ökonomie als die »Anatomie der bürgerlichen Gesellschaft« betrachtet. Dass etwa Demokratie im emphatischen Sinn des Wortes auf dem Boden des Kapitalismus nie und nimmer gedeihen kann, bewahrheitet sich gerade heute, da wir zur Kenntnis nehmen müssen, dass demokratisch legitimierte Instanzen im Wesentlichen nur noch das nachvollziehen können, was ihnen die kapitalistische Ökonomie als Imperativ vorgibt. Die Rede von der »marktkonformen Demokratie« ist in dieser Hinsicht entlarvend genug. Diese richtige Einsicht führt aber nur allzu leicht zu einer Vernachlässigung der politischen Ebene und zur Unterbewertung der Frage nach der *demokratischen Ausgestaltung einer nichtkapitalistischen Gesellschaft*. Die Aufhebung der Gewaltenteilung in den verschiedenen Modellen von »Räterepubliken« erweist sich im Rückblick als ein entscheidender Geburtsfehler, der dem Totalitarismus den Weg bahnte.

Marx ist natürlich nicht verantwortlich für das, was seine Epigonen aus ihm gemacht und wodurch sie sich zu Recht historisch kräftig blamiert haben. Aber so manche fatale Entwicklung findet doch Anhaltspunkte in seinem eigenen Werk. In orthodoxen »marxistischen« Formationen unterschiedlicher Prägung wurden einzelne Stellungnahmen in einem bestimmten Kontext, die Marx oftmals selbst korrigiert hat, zu Dogmen erhoben. Nicht zuletzt angesichts derer, die mit seinem Erbe so fahrlässig umgegangen sind, ist es unsere Verpflichtung, einen der größten humanistischen Denker neu zu entdecken.

HERKUNFT UND PRÄGUNG: KINDHEIT UND JUGEND IN TRIER

Trier darf sich rühmen, die älteste Stadt Deutschlands zu sein. Als *Augusta Treverorum* bzw. *Treveris* war die Stadt zeitweise das Zentrum des weströmischen Reiches. Neben der das Stadtbild bestimmenden Porta Nigra zeugen das Amphitheater, die Barbarathermen, die Kaiserthermen, die Konstantinbasilika, die Römerbrücke etc. von Triers Bedeutung in den ersten nachchristlichen Jahrhunderten. Aus dem 4. Jahrhundert stammt wohl auch die Reliquie des »Heiligen Rocks«, dessen Verehrung bis heute äußerst populär ist. Im Mittelalter war Trier Sitz eines der drei geistlichen Kurfürsten, wenn auch die Trierer Bischöfe später ihre Residenz nach Koblenz verlegen sollten. Wie die linksrheinischen Gebiete insgesamt, wurde Trier unter Napoleons Herrschaft Frankreich einverleibt; seine Einwohner genossen die französischen Bürgerrechte in vollem Umfang. Nach der Neuordnung Europas durch den Wiener Kongress kam Trier unter preußische Herrschaft. Als Karl Marx am 5. Mai 1818 in Trier das Licht der Welt erblickte, war die Stadt allerdings relativ bedeutungslos. Sie zählte nur noch 11000 Einwohner, und es gab keinerlei industrielle Produktion.

Trier im mittleren Moseltal, zwischen Hunsrück und Eifel

Karl Marx war nicht nur jüdischer Abkunft, sondern entstammte mütterlicher- wie väterlicherseits altehrwürdigen Rabbinergeschlechtern. Bis ins 15. Jahrhundert lässt sich der Stammbaum der Familien zurückverfolgen. Die Mutter, *Henriette*, geb. Presburg, entstammte einer angesehenen und relativ wohlhabenden niederländischen Rabbinerfamilie; ihr Deutsch blieb zeit ihres Lebens unzulänglich. Die fromme Jüdin, die sich offenbar heftig gegen die Konversion und die Taufe ihrer Kinder wehrte, hat dem jungen Karl wohl auch wenigstens rudimentär die jüdische Religion vermittelt.

Karls Vater, *Herschel* (später Heinrich bzw. Henri) *Marx Levy*, profitierte von der französischen Herrschaft und von der Durchsetzung des Code civil, der die Juden zu gleichberechtigten Bürgern machte. Er konnte in Koblenz Rechtswissenschaften studieren, entwickelte sich zu einem ausgezeichneten Spezialisten für den Code civil und wollte sich in seiner Heimatstadt – inzwischen unter preußischer Herrschaft – als freier Anwalt niederlassen. Doch gab es ein Hindernis: die Religion. Trotz der Politik Preußens, die den Juden weitgehende Rechte zugestand (freie Wahl des Wohnsitzes und Berufs, das Recht, in den Streitkräften zu dienen, etc.), waren sie nicht zu Staatsämtern zugelassen – und dazu zählte auch die Tätigkeit als freier Anwalt. Für Herschel Marx war dies eine Existenzfrage. Er zögerte lange, lebte eine Zeit lang von den finanziellen Rücklagen der Familie, bis er sich schließlich dazu durchrang, zum Protestantismus zu konvertieren (zwischen 1817 und 1819; die Angaben hierzu weichen voneinander ab) – angesichts der Tatsache, dass sein Bruder Samuel der Rabbiner der jüdischen Gemeinde Triers war, sicherlich kein einfacher Schritt. Die Konversion als Opportunismus zu bezeichnen wäre allerdings ein höchst ungerechtes Urteil; und Herschel Marx bewies zeit seines Lebens große Loyalität zur jüdischen Gemeinde.

Warum aber wurde er Protestant im durch und durch katholischen Trier, in dem die neuen preußischen Landesherren obendrein alles andere als beliebt waren? Zwei Deutungsmöglichkeiten bieten sich an: Herschel Marx könnte damit demonstriert haben, dass seine Konversion nur unter dem Druck der äußeren Umstände geschah und ein Provisorium war. Die zweite Deutung scheint mir aber plausibler: Im Gegensatz zum recht hinterwäldlerischen Katholizismus wies der Protestantismus eine größere Affinität zu den Ideen der Aufklärung auf, von denen Herschel »Heinrich« Marx durchdrungen war und die er auch dem jungen Karl von Jugend auf vermittelte. Früh schon machte er ihn etwa mit den Schriften Voltaires vertraut. Auch seine Religiosität ordnet sich in diese Linie ein. Heinrich Marx hatte keinen inneren Bezug zum jüdischen Glauben seiner Väter, war aber keineswegs Atheist. Sein Gottesbild entsprach ganz und gar dem Deismus der Aufklärung, der zwar durchaus ein recht abstrakt gedachtes »höheres Wesen« anerkannte, dem aber die Vorstellung einer »Offenbarungsreligion« völlig fremd war. Noch in seiner Korrespondenz mit seinem Sohn während dessen Berliner Studienzeit bezieht sich Heinrich auf die Gottesidee eines Kant, Newton, Locke oder Leibniz und bezeichnet diese als nützlich für einen sittlichen Lebenswandel. Als sein Bruder – Karl Marx' Onkel also –, der Rabbiner der Stadt, im Jahr 1827 starb, bekannte sich Heinrich Marx auch offen zu diesem deistischen Gedankengut. Dem entsprachen ganz und gar seine liberalen, republikanischen politischen Auffassungen, die ihn zumindest bei einer Gelegenheit (s. weiter unten, S. 13) in Konflikt mit der preußischen Obrigkeit brachten.

Im Jahr 1824 – Karl war sechs Jahre alt – ließ Heinrich Marx auch vier seiner Kinder im elterlichen Haus taufen – zum Leidwesen von Henriette Marx, die ihrem jüdischen Glauben innerlich verbunden blieb. Karl Marx hingegen empfand die Riten der jüdischen Religion als archaisch, befremdlich und abstoßend. Als sich eine seiner Töchter später, um die Wurzeln ihrer familiären Herkunft zu erkunden, interessiert mit dem Judentum zu beschäftigen begann, reagierte er mit Unverständnis darauf.

Jenny von Westphalen, vier Jahre älter als Karl Marx, wird 1843 seine Ehefrau.

Neben seinem Vater gab es eine weitere prägende Gestalt im Leben des jungen Karl Marx: den preußischen Regierungsrat Baron *Ludwig von Westphalen*, in dessen Haus er regelmäßig verkehrte, dem er später seine Doktorarbeit widmen sollte, dessen Sohn Edgar sein engster Freund wurde und dessen Tochter Jenny er schließlich heiratete. Der »Adel« derer von Westphalen war erst recht frisch erworben – aufgrund der Verdienste von Ludwigs Vater im Siebenjährigen Krieg. Im Haus des Barons von Westphalen erwarb sich der junge Karl einen reichen Bildungsschatz. Er lernte dort Homer, Shakespeare, Cervantes und Goethe kennen, aber auch den Frühsozialisten Saint-Simon.

Ein Dritter darf nicht unerwähnt bleiben: *Johann Hugo Wyttenbach*, der Direktor des Friedrich-Wilhelm-Gymnasiums, das Karl Marx besuchte. Einst ein begeisterter Anhänger der Französischen Revolution, verhielt sich Wyttenbach zwar im Wesentlichen loyal zum preußischen Staat, wurde aber von den neuen Landesherren eher misstrauisch beäugt. Man warf ihm vor, gegen freidenkerische Ansichten im Lehrkörper nicht konsequent genug vorzugehen, sondern sie eher mit Sympathie zu dulden – das betraf etwa einen Naturkundelehrer, den man bezichtigte, den biblischen Schöpfungsglauben zu ignorieren. Um ihn zu maßregeln, wurde ihm schließlich ein Ko-Direktor zur Seite gestellt, dem Karl Marx später aus Protest den obligatorischen Abschiedsbesuch verweigert haben soll. Wyttenbach war darüber hinaus ein enger Freud von Heinrich Marx. Mit ihm und einigen anderen vom Geist der Aufklärung und des Liberalismus durchdrungenen Persönlichkeiten gründete Heinrich Marx den sogenannten *Kasino-Club*, der zum Ort des intellektuellen Austauschs des aufgeklärten Bürgertums der Stadt wurde. Gegenstand der lebhaften Debatten waren die aufregenden technischen Erfindungen der Zeit, die Entwicklung des Eisenbahnnetzes, aber etwa auch die sozialistischen Ideen eines *Robert Owen*. Der Kasino-Club sollte auch der Ort eines berüchtigten Vorfalls werden, an dem Heinrich Marx unmittelbar beteiligt war. Nachdem er einmal, anlässlich der Feier der Wahl einiger liberaler Abgeordneter, einen sarkastischen Toast auf die preußische Regierung ausgebracht hatte, galt er ohnehin als »Unruhestifter«. Beim Stiftungsfest im Jahr 1834 kam es dann zum Eklat: Man sang revolutionäre Lieder, unter anderem die Marseillaise, der Vorfall wurde durch einen preußischen Offizier angezeigt und der Club wurde aufgelöst.

Dies also war das geistige, von Liberalismus, Aufklärung und Antipreußentum gekennzeichnete Klima, in dem der junge Karl Marx aufwuchs und das ihn durchaus nachhaltig prägen sollte.

Die ersten bekannten Texte von Karl Marx sollten hier nicht unerwähnt bleiben: seine beiden Abituraufsätze. Der eine aus dem Fach Religion hatte *Die Vereinigung der Gläubigen mit Christo nach Joh. 15,1–14* zum Thema. Interessant ist hier festzustellen, dass das Vokabular, dessen sich Marx hier bedient, den Schlüsselworten des aufgeklärten mitteleuropäischen Protestantismus entsprach. Er ordnet das Christentum ein in ein Streben nach Wahrheit und Licht, das man bereits bei den Weisen der Antike, namentlich Platon, konstatieren kann. Und die Frucht der inneren Verbindung zu Christus ist – ganz im Sinne der von seinem Vater tradierten Aufklärungsreligiosität – ein tugendhafter Lebenswandel. Für die Bewertung seiner späteren Religionskritik ist es sicher nicht unerheblich zu wissen, dass Marx in seiner Jugend eine aufgeklärte Version des Christentums vermittelt bekommen hat. Sein Deutschaufsatz hatte die *Betrachtung eines Jünglings bei der Wahl eines Berufes* zum Thema. Das Ineinsfallen der Entfaltung der eigenen Neigungen und der Verbesserung der Lage der Menschheit insgesamt stellt hier den Grundgedanken dar:

Die Hauptlenkerin aber, die uns bei der Standeswahl leiten muss, ist das Wohl der Menschheit, unsere eigne Vollendung. Man wähne nicht, diese beiden Interessen könnten sich feindlich bekämpfen, das eine müsse das andere vernichten, sondern die Natur des Menschen ist so eingerichtet, dass er seine Vervollkommnung nur erreichen kann, wenn er für die Vollendung für das Wohl seiner Mitwelt wirkt. Wenn er nur für sich schafft, kann er wohl ein berühmter Gelehrter, ein großer Weiser, ein ausgezeichneter Dichter, aber nie ein vollendeter, wahrhaft großer Mensch sein. [...] *Wenn wir den Stand gewählt, in dem wir am meisten für die Menschheit wirken können, dann können uns Lasten nicht niederbeugen, weil sie nur Opfer für alle sind; dann genießen wir keine arme, eingeschränkte, egoistische Freude, sondern unser Glück gehört Millionen, unsere Taten leben still, aber ewigwirkend fort und unsere Asche wird benetzt von der glühenden Träne edler Menschen.* (zitiert nach Sperber 2013, 44)

Man sollte sich aber hüten, die literarischen Pflichtübungen eines Abiturienten allzu sehr für die Deutung seines späteren Denkens zu strapazieren.

DER PROMETHEUS: STUDIENJAHRE IN BONN UND BERLIN

Karl Marx als junger Student

Im Oktober 1835 ging der siebzehnjährige Karl Marx nach Bonn, um dort das Studium der Rechtswissenschaften aufzunehmen. Allerdings hat es den Anschein, dass er damals eher dem Studentenleben außerhalb des Hörsaals gefrönt hat. Er organisiert sich in der Trier'schen Landsmannschaft, deren Wortführer er bald werden sollte. Eine kleine Narbe über dem Auge behält er als bleibendes Andenken an sein ungestümes erstes Studentenjahr und wegen »nächtlichen ruhestörenden Lärms und Trunkenheit« muss er gar in den Karzer. Das Tragen »verbotener Waffen« führt zu einer Anzeige gegen ihn, und zum Leidwesen seines Vaters pflegt er einen sehr lockeren Umgang mit dem Geld. Bemerkenswert ist, dass Karl von den damals möglichen Organisationsformen der Studenten die unpolitische Landsmannschaft wählte, für die lediglich die gemeinsame Herkunft aus derselben Stadt ausschlaggebend war. Darüber hinaus gab es die an der gesellschaftlichen Klasse orientierten Corps und die politischen, von der Obrigkeit misstrauisch beobachteten Burschenschaften, deren republikanische Gesinnung natürlich nichts gemein hatte mit den rechten bis rechtsextremen Ansichten vieler heutiger Burschenschaften.

Die Mutter sieht sich veranlasst, den Studenten zur Führung eines ordentlichen Haushalts und zu einer angemessenen Körperhygiene zu ermahnen. Das anrührende Zeugnis ihrer mütterlichen Fürsorge wurde allerdings von nicht sehr seriösen Biografen zu mancherlei laienpsychologischer Spekulation missbraucht:

Nun kannst du mir's gar nicht als eine Schwäche unseres Geschlechts ansehen, wenn ich neugierig bin, wie du deine kleine Haushaltung eingerichtet, ob die Ökonomie auch eine Rolle spielt, was bei großen wie bei kleinen Haushaltungen eine unerlässliche Notwendigkeit ist. Dabei erlaube ich mir zu bemerken, lieber Carl, dass du Reinlichkeit und Ordnung nie als Nebensache betrachten musst, denn davon hängt Gesundheit und Frohsinn ab. Halte pünktlich darauf, dass deine Zimmer öfters gescheuert werden. Und scheuere du meinen lieben Carl wöchentlich mit Schwamm und Seife. (zitiert nach Weischedel 1975, 248)

Ein Lokal, das Karl Marx in dieser Zeit frequentierte, war das Gasthaus »Ännchen« in Bad Godesberg. Dieser recht idyllische Vorort von Bonn sollte etliche Jahre später, als Marx schon Doktor der Philosophie war, Schauplatz einer öffentlichen Provokation werden: Zusammen mit seinem Mentor und junghegelianischen, atheistischen

Gesinnungsgenossen *Bruno Bauer* ritt Marx zu Ostern 1842 auf einem Esel durch Bad Godesberg, um den Einzug Jesu in Jerusalem zu parodieren! Allerdings sollte Marx später zu solchen Aktionen – wie zur Auffassung der Junghegelianer insgesamt und auch zu Bruno Bauer – deutlich auf Distanz gehen.

Das Gasthaus »Ännchen« in Bonn Bad Godesberg, ein Stammlokal des jungen Studenten Marx, ist heute noch ein beliebtes Weinlokal.

Ins Ende seiner Bonner Zeit fällt seine heimliche Verlobung mit *Jenny von Westphalen*, die den gesellschaftlichen Konventionen der damaligen Zeit zuwiderlief – weniger wegen der jüdischen Herkunft Karls und der unterschiedlichen sozialen Stellung der Familien, sondern aufgrund der Tatsache, dass Jenny vier Jahre älter war.

Entscheidend für seine weltanschauliche Reifung war sein Wechsel nach Berlin. Hier entwickelte sich Marx zu einem ernsthaft geistig Arbeitenden, dessen außerordentliche Fähigkeit, sich solides und umfangreiches Wissen anzueignen, seinen ersten Biografen, Franz Mehring, zu dem erstaunten Urteil gelangen ließ, er habe in zwei Semestern eine Menge Wissenschaft, die ihm von Professoren in den Vorlesungen vielleicht in zwanzig verabreicht worden wären, bewältigt. (Mehring 2001, 33) Die Bandbreite der Wissensgebiete, auf die sich Marx stürzte, ist beeindruckend. Neben seinem eigentlichen Studienfach vertiefte er sich in die Philosophie, Literatur, Kunstgeschichte und Mathematik. Er übersetzte Tacitus und Ovid ins Deutsche, brachte sich als Autodidakt Englisch und Italienisch bei (im Gymnasium schon hatte er Französisch, Latein, Altgriechisch und ein wenig Hebräisch gelernt), schrieb Gedichte und Theaterstücke und entwarf Pläne für künftige eigene Publikationen.

Gedichte sind denn auch – abgesehen von seinen bereits zitierten Abituraufsätzen – die ersten Textzeugnisse, die von Karl Marx überliefert sind. Allerdings wird man es angesichts dieser lyrischen Versuche nicht allzu sehr bedauern, dass Marx schließlich doch einen anderen Weg eingeschlagen hat. Wilhelm Weischedel nennt Marx' Gedichte gar »eitel mythologischen Singsang« (Weischedel 1975, 247). Eine Kostprobe möchte ich den Lesern und Leserinnen nicht vorenthalten:

Das Mägdlein steht da so bleich,
so stille und verschlossen;
die Seele, engelweich,
ist trüb und verdrossen …
Sie war so fromm, so mild,
dem Himmel ergeben,
der Unschuld seliges Bild,
das Grazien weben.
Da kam ein Ritter hehr
auf prunkendem Rosse,
im Auge ein Liebesmeer
und Glutgeschosse.
Das traf so tief in die Brust;
doch er zog von dannen,
hinstürmend in Kriegeslust;
nichts mag ihn bannen.
(zitiert nach Weischedel 1975, 247)

Ein ausführlicher *Brief an den Vater* vom 10. November 1837 gibt einen Einblick in seinen Wissensdrang und seinen Arbeitseifer (vgl. TS, 377–381). Marx' Vater war nun nicht mehr so sehr, wie in der Bonner Zeit, von der Geldverschwendung Karls, sondern vielmehr von seiner Arbeitswut beunruhigt und sprach in diesem Zusammenhang gar von etwas Dämonischem in seinem Sohn. Tatsächlich hatte die Überarbeitung durchaus gesundheitliche Folgen, und Karl Marx bedurfte einer längeren Erholung im Fischerdörfchen Stralau.

An der Berliner Universität wechselte Marx zum Studienfach Philosophie und erhielt seine entscheidende geistige Prägung im Kreis der Junghegelianer.

Von seinen damaligen Professoren scheint ihn vor allem der Rechtsgeschichte lehrende Hegelianer *Eduard Gans* beeindruckt zu haben. Jonathan Sperber will den Einfluss von Gans auf Marx sogar noch in Formulierungen des *Manifests der Kommunistischen Partei* erkennen (Sperber 2013, 72)!

Vor allem aber wechselt Marx nun – nachdem er im bereits erwähnten Brief den Vater um die entsprechende Erlaubnis gebeten hat – das Studienfach: Sein Interesse an der Philosophie ist erwacht und wird ihn sein Leben lang begleiten. Die alles überragende Figur der philosophischen Szene ist *G.W.F. Hegel*, der jedoch bereits 1831 verstorben war, den Marx also nicht mehr persönlich kennenlernte. Aber das von ihm geschaffene großartige System, mit dem er den Deutschen Idealismus zur Vollendung brachte, war alles beherrschend. Der preußische Regent Friedrich Wilhelm IV. sah sich später sogar veranlasst, den inzwischen deutlich konservativen Schelling an die Berliner Universität zu berufen, damit er dort die »Hegel'sche Drachensaat« austilge. Marx gestand zunächst zu, dass ihm die »groteske Felsenmelodie« der Hegel'schen Philosophie ganz und gar nicht behagte, was ihn aber offenbar nicht davon abschreckte, sich gründlich in Hegels Denken zu vertiefen. Und bald schon wurde er ein herausragendes Mitglied des sogenannten *Doktorclubs*, eines linkshegelianischen Zirkels, der das Hegel'sche System des absoluten Geistes konsequent atheistisch interpretierte. Der atheistische Theologe (!) *Bruno Bauer* wurde der große Mentor von Karl Marx in jener Zeit.

Immanuel Kant hatte die »kopernikanische Wende« der Philosophie hin zum Subjekt vollzogen. Er widmete seine Aufmerksamkeit nicht zuerst den Gegenständen des Denkens, sondern dem erkennenden Subjekt selbst! Hegel knüpft hier an und arbeitet sich an den verbleibenden, unbefriedigenden Widersprüchen bei Kant ab. Daraus entsteht ein umfassendes System. Er begreift die gesamte Wirklichkeit in all ihren Erscheinungsformen (Natur, Geschichte, Staatswesen etc.) als Ausdrucksweisen des sich selbst entfaltenden absoluten Geistes (also Gottes). Modell für diesen Prozess war die reflexive Struktur des Selbstbewusstseins: Reflektiere ich auf mich selbst, so bin ich der Reflektierende und der Reflektierte zugleich, fallen Subjekt und Objekt in eins. Die Subjekt-Objekt-Identität unseres reflexiven Bewusstseins gilt nun aber nicht nur für unsere subjektive Erfahrung, sondern sie ist die Gestalt der Welt überhaupt, die der dialektischen Bewegung der Entäußerung des absoluten Geistes entspringt. Im *menschlichen Selbstbewusstsein* kommt der absolute Geist zu sich selbst.

Georg Wilhelm Friedrich Hegel (1770–1831), der mit seinem großartigen System den Deutschen Idealismus vollendete, war zur Zeit von Marx die alles beherrschende Gestalt der philosophischen Szene.

Es ist nun nicht schwer, diesen Gedanken religionskritisch zu wenden und umgekehrt den absoluten Geist als Ausdruck und *Produkt des endlichen, menschlichen Selbstbewusstseins* zu begreifen! Genau dies tun die Junghegelianer. Bruno Bauer geht sogar so weit, diese Konsequenz nicht nur in Hegels Religionsphilosophie tendenziell angelegt zu sehen, sondern er unterstellt ihm auch die subjektive Absicht der radikalen Destruktion der Religion, indem er das menschliche Selbstbewusstsein an die Stelle Gottes setzt. In seiner polemischen Schrift *Die Posaune des jüngsten Gerichts über Hegel den Atheisten und Antichristen*, die Karl Marx höchstwahrscheinlich mitverfasst hat, heißt es in diesem Sinne:

O, die Armen und Unglückseligen, die sich haben täuschen lassen, wenn ihnen zugeflüstert wurde: der Gegenstand der Religion wie der Philosophie sei die ewige Wahrheit in ihrer Objektivität selbst, Gott und nichts als Gott und die Explikation Gottes; die Armen, die es gern hörten, dass Religion und Philosophie zusammenfallen, die ihren Gott noch zu behalten meinten, wenn sie hörten und annahmen, die Religion sei das Selbstbewusstsein des absoluten Geistes. (zitiert nach Löwith 1981, 367-368)

Bruno Bauer (1809–1882), evangelischer Theologe, war Mentor von Karl Marx in Berlin und führender Kopf der »Junghegelianer«. Später kam es allerdings zum Bruch zwischen Marx und Bauer.

Marx beschreibt in seinem *Brief an den Vater* vom 10. November 1837 selbst die Überwindung des Hegel'schen Idealismus:

Von dem Idealismus, den ich, beiläufig gesagt, mit Kantischem und Fichte'schem verglichen und genährt, geriet ich dazu, im Wirklichen selbst die Idee zu suchen. Hatten die Götter früher über der Erde gewohnt, so waren sie jetzt das Zentrum derselben geworden. [...] *Während meines Unwohlseins hatte ich Hegel von Anfang bis Ende, samt den meisten seiner Schüler, kennengelernt. Durch mehrere Zusammenkünfte mit Freunden in Stralow geriet ich in einen Doktorklub, worunter einige Privatdozenten und mein intimster der Berliner Freunde, Dr. Rutenberg. Hier im Streite offenbarte sich manche widerstrebende Ansicht, und immer fester kettete ich mich selbst an die jetzige Weltphilosophie, der ich zu entrinnen gedacht, aber alles Klangreiche war verstummt, eine wahre Ironiewut befiel mich, wie es wohl leicht nach so viel Negiertem geschehn konnte.* (TS 379)

Wesentliche Denkmotive von Karl Marx, die sein Werk bis zum Ende bestimmen werden, sind in dieser Phase bereits grundgelegt. Die Konturen seines späteren »historischen Materialismus« zeichnen sich hier schon ab, und sein atheistischer Standpunkt, den er – mit wesentlichen Ausdifferenzierungen – beibehalten wird, ist hier bereits festgelegt.

Nachdem Bruno Bauer Marx mit Nachdruck dazu aufgefordert hatte, endlich das »lumpige Examen« zu machen, reichte Karl Marx im Jahr 1841 seine Doktorarbeit ein – allerdings nicht in Berlin, sondern in Jena, wo die formalen Hürden hierfür am geringsten waren. Es war zum Beispiel kein Nachweis eines Mindeststudienaufenthalts an der Universität erforderlich. So manche Spötter haben deshalb von einem »Doktordiplom aus dem Versandhaus« gesprochen. Das Thema der Arbeit war – vordergründig zumindest – ein philosophiegeschichtliches: *Differenz der demokritischen und epikureischen Naturphilosophie im Allgemeinen* (vgl. dazu TS, 23–31). Hinter der scheinbar rein philosophiehistorischen Auseinandersetzung mit den beiden berühmtesten »Atomisten« der

Antike ging es allerdings durchaus um die aktuelle Situation der Philosophie und um die Frage, ob und wie man nach Hegels allumfassendem System überhaupt noch Philosophie betreiben könne. Ist hier etwas anderes als bloßes Epigonentum möglich? Oder kann man sich von dem alles in sich integrierenden System der Philosophie nur dann emanzipieren, wenn man ihm einen Standpunkt außerhalb der Sphäre des Denkens entgegensetzt? Für Ludwig Feuerbach wird dies die Sinnlichkeit sein, für den späteren Marx die gesellschaftliche Praxis.

Noch aber ist Marx durchaus dem Denkansatz Bruno Bauers und der zentralen Rolle des Selbstbewusstseins verpflichtet. Ein Zitat aus dem Anhang zur Doktorarbeit, der mindestens ebenso aufschlussreich ist wie die Abhandlung über Epikur und Demokrit selbst, veranschaulicht dies:

Die Philosophie verheimlicht es nicht. Das Bekenntnis des Prometheus: »Mit einem Wort, ganz hass' ich all' und jeden Gott« [im Original altgriechisch] *ist ihr eigenes Bekenntnis, ihr eigener Spruch gegen alle himmlischen und irdischen Götter, die das menschliche Selbstbewusstsein nicht als die oberste Gottheit anerkennen.* (TS, 29–30)

Wenig bekannt ist, dass der Anhang zur Doktorarbeit auch die erste originelle *Religionskritik* des Karl Marx enthält, die zwar noch völlig anders geartet ist als seine spätere, bekannte Religionskritik (»Opium des Volkes«), aber m. E. nicht minder radikal. Im Anschluss an den berühmten ontologischen Gottesbeweis des Anselm von Canterbury, der aufgezeigt hatte, dass die Definition Gottes selbst (als des Wesens, über das hinaus kein größeres gedacht werden kann) bereits seine Existenz mit einschließen muss, behauptet Marx, Religion sei nichts als Tautologie des Selbstbewusstseins! Tautologie heißt, sie sagt nichts Eigenes über die Wirklichkeit aus, sondern formuliert nur in mythologischer Sprache, was die Philosophie selbst viel

Ludwig Feuerbach (1804–1872), zunächst ein Schüler Hegels, entwickelte in seinem Buch *Das Wesen des Christentums* eine überaus einflussreiche Religionskritik.

treffender über die Wirklichkeit zu sagen versteht. Natürlich weist auch dieser Gedanke wiederum auf Hegel zurück, für den ja auch die Religion in ihrer positiven, konkretgeschichtlichen Gestalt aufzuheben ist ins reine Denken und erst damit ihrem Gegenstand gerecht wird. Religion als tautologische Verdoppelung dessen, was die Philosophie über die Wirklichkeit aussagt, ist jedoch im konkreten Leben der Menschen von höchster Wirksamkeit:

Die Beweise für das Dasein Gottes sind entweder nichts als hohle Tautologien – *z. B. der ontologische Beweis hieße nichts als: »was ich mir wirklich (realiter) vorstelle, ist eine wirkliche Vorstellung für mich«* […] *Oder die Beweise für das Dasein Gottes sind nichts als Beweise für das Dasein des wesentlichen menschlichen Selbstbewusstseins, logische Explikationen desselben. Z. B. der ontologische Beweis. Welches Sein ist unmittelbar, indem es gedacht wird? Das Selbstbewusstsein.* […] *was ich mir wirklich (realiter) vorstelle, ist eine wirkliche Vorstellung für mich, das wirkt auf mich und in diesem Sinn haben* alle Götter, *sowohl die heidnischen als christlichen, eine reelle Existenz besessen. Hat nicht der alte Moloch geherrscht? War nicht der delphische Apollo eine wirkliche Macht im Leben der Griechen? Hier heißt auch Kants Kritik nichts. Wenn jemand sich vorstellt, hundert Taler zu besitzen, wenn diese Vorstellung ihm keine beliebige, subjektive ist, wenn er an sie glaubt, so haben ihm die hundert eingebildeten Taler denselben Wert wie hundert wirkliche. Er wird z. B. Schulden auf seine Einbildung machen; sie wird wirken,* wie die ganze Menschheit Schulden auf ihre Götter gemacht hat. *Im Gegenteil. Kants Beispiel hätte den ontologischen Beweis bekräftigen können. Wirkliche Taler haben dieselbe Existenz, die eingebildete Götter [haben]. Hat ein wirklicher Taler anderswo Existenz als in der Vorstellung, wenn auch in einer allgemeinen oder vielmehr gemeinschaftlichen Vorstellung der Menschen? Bringe Papiergeld in ein Land, wo man diesen Gebrauch des Papiers nicht kennt, und jeder wird lachen über deine subjektive Vorstellung. Komme mit deinen Göttern in ein Land, wo andere Götter gelten, und man wird dir beweisen, dass du an Einbildungen und Abstraktionen leidest. Mit Recht. Wer einen Wendengott den alten Griechen gebracht, hätte den Beweis von der Nichtexistenz dieses Gottes gefunden. Denn für die Griechen existierte er nicht.* Was ein bestimmtes Land für bestimmte Götter aus der Fremde, das ist das Land der Vernunft für Gott überhaupt, eine Gegend, in der seine Existenz aufhört. –

Oder die Beweise für das Dasein Gottes sind nichts als Beweise für das Dasein des wesentlichen menschlichen Selbstbewusstseins, logische Explikationen desselben. *Z. B. der ontologische Beweis. Welches Sein ist unmittelbar, indem es gedacht wird? Das Selbstbewusstsein.* (TS 30–31 / MEW 40, 371–373)

»Prometheus ist der vornehmste Heilige und Märtyrer im philosophischen Kalender« schreibt Marx im Anhang seiner Doktorarbeit. Die Zeichnung zeigt Marx selbst als Prometheus, gequält vom preußischen Adler.

In Berlin wird also der Linkshegelianer Marx geboren – letztlich als der einzige Philosoph dieser Denkrichtung, der wirklich Bedeutung erlangte, wohingegen die meisten anderen Denker dieser Tendenz eher Fußnoten innerhalb der Philosophiegeschichte bilden.

MIT SPITZER FEDER: REDAKTEUR IN KÖLN

Die Rheinmetropole Köln, damals ein bedeutendes Industrie- und Handelszentrum, war zweimal der zentrale Wirkungsort von Karl Marx. Auch in der Zeit, als er selbst nicht in Köln lebte, blieb er der Stadt eng verbunden.

Eine akademische Karriere blieb Marx versagt. Seit 1840 regierte in Preußen Friedrich Wilhelm IV. und verfolgte eine deutlich reaktionäre Politik. Auch Bruno Bauer verlor Anfang 1842 seine Dozentenstelle in Bonn, womit sich auch für Marx eine Möglichkeit verschloss, in der akademischen Welt Fuß zu fassen. Mit der Gründung der *Rheinischen Zeitung* in Köln aber erhielt Marx nicht nur die Chance einer Erwerbsarbeit, seine Zeit der Mitarbeit an diesem Blatt sollte sich vielmehr als eine entscheidende Etappe in seiner geistigen, persönlichen und auch politischen Entwicklung erweisen.

Im Rheinland war zunächst die *Kölnische Zeitung* das einflussreichste Presseorgan und genoss quasi eine Monopolstellung. Ihre Ausrichtung war dezidiert katholisch und antipreußisch. Um die Hegemonie einer Zeitung solcher Tendenz zu brechen, förderte die preußische Regierung 1841 die Gründung der *Rheinischen Allgemeinen Zeitung*, die sich aber letztlich nicht durchsetzen konnte. Erst die Übernahme des Projekts durch bürgerliche Radikale und Liberale führte zum Erfolg. Man wandte sich nicht nur gegen den Katholizismus der *Kölnischen Zei-*

tung, sondern auch gegen den aufgeklärten Despotismus Preußens und trat für eine bürgerliche Demokratie im Geist der Französischen Revolution ein. Wirtschaftspolitisch verfolgte man vor allem die Idee des Freihandels.

Köln war zu dieser Zeit ein bedeutendes Industrie- und Handelszentrum, nicht zuletzt dank der »Dampfschiffahrts-Gesellschaft für den Nieder- und Mittel-Rhein« sowie dem Bau der ersten Eisenbahnverbindung von Köln nach Aachen. Die Mehrheit der großen, modernen deutschen Unternehmen hatte hier ihren Sitz. Eine Gruppe junger Kaufleute und Industrieller gründete nun eine Kommanditgesellschaft, um die *Rheinische Zeitung* ins Leben zu rufen: Unter ihnen befanden sich Dagobert Oppenheim, der Bruder des Bankiers Salomon Oppenheim, Georg Jung, dessen Schwiegervater ebenfalls Kölner Bankier war, Industrielle wie Ludolf Camphausen und David Justus Hansemann – und nicht zuletzt der Kaufmannssohn *Moses Heß*, ein junger jüdischer Autor, der sich als Sozialist verstand und durch den Marx wohl zum ersten Mal intensiver mit sozialistischen Ideen in Berührung kam. Chefredakteur sollte Adolf Rutenberg sein, ein guter Freund von Karl Marx aus Berliner Tagen und Mitstreiter im Doktorclub.

Moses Heß war es, der Marx den Vorschlag machte, am Projekt mitzuarbeiten. Beide hatten sich bereits im Sommer 1841 kennengelernt, und Heß begann gegenüber seinem Freund Berthold Auerbach geradezu von seinem »Abgott« zu schwärmen: »[…] Er verbindet mit dem tiefsten philosophischen Ernst den schneidendsten Witz; denke dir Rousseau, Voltaire, Holbach, Lessing, Heine und Hegel in einer Person vereinigt […], so hast du Dr. Marx.« (zitiert nach Sperber 2013, 102)

Marx war zunächst von Bonn aus als freier Mitarbeiter für die Zeitung tätig, bis er schließlich in leitender Funktion fest angestellt wurde. Eines seiner ersten journalistischen

Glanzstücke ist seine Auseinandersetzung mit der Landtagsdebatte über die Pressefreiheit. Er verteidigt sie ganz im Geist der Französischen Revolution nicht als Privileg im Sinne der Gewerbefreiheit, sondern als universales Menschenrecht, wobei die Prägung durch Hegels Philosophie nicht zu verkennen ist:

Die freie Presse ist das überall offene Auge des Volksgeistes, das verkörperte Vertrauen eines Volkes zu sich selbst, das sprechende Band, das den Einzelnen mit dem Staat und der Welt verknüpft, die inkorporierte Kultur, welche die materiellen Kämpfe zu geistigen Kämpfen verklärt und ihre rohe stoffliche Gestalt idealisiert. Sie ist die rücksichtslose Beichte eines Volkes vor sich selbst, und bekanntlich ist die Kraft des Bekenntnisses erlösend. Sie ist der geistige Spiegel, in dem ein Volk sich erblickt, und Selbstbeschauung ist die erste Bedingung der Weisheit. Sie ist der Staatsgeist, der sich in jede Hütte kolportieren lässt, wohlfeiler als materielles Gas. Sie ist allseitig, allgegenwärtig, allwissend. Sie ist die ideale Welt, die stets aus der wirklichen quillt und, ein immer reicherer Geist, neu beseelend in sie zurückströmt. (TS 36 / MEW 1, 60)

Zum ersten Mal setzt sich Marx dezidiert mit sozialen Problemen auseinander, so etwa mit der wirtschaftlichen Situation der Moselwinzer, aber auch mit dem Phänomen des Holzdiebstahls – vormals ein Gewohnheitsrecht der Armen, nun streng geahndet. Obwohl im Fokus seines Artikels eher die Entwicklung der Rechtsgeschichte (vom Standesrecht, das den einzelnen gesellschaftlichen Gruppen je eigene Privilegien bzw. Verpflichtungen zuerkennt, hin zum universalen, für alle ohne Ansehen der Person gültigen Recht) steht, so ist die Auseinandersetzung mit dem Thema für Marx Anlass genug, sich intensiv mit der Eigentumsfrage und mit frühsozialistischen Denkern auseinanderzusetzen. Er liest Saint-Simon, mit dem ihn schon sein Vater vertraut gemacht hat und der unter

Moses Heß (1812–1875): Durch ihn wurde Karl Marx das erste Mal direkt mit sozialistischen Ideen konfrontiert.

anderem den Primat der Ökonomie vor der Politik vertrat. Bei Sismondi entdeckt er zum ersten Mal den für ihn später so zentralen Begriff des Mehrwerts. Er liest James und John Stuart Mill, Louis Blanc und Pierre Proudhon, gegen den er später seine polemische Schrift *Das Elend der Philosophie* verfassen sollte. Zugleich schließt er sich dem von Moses Heß geleiteten wöchentlichen Diskussions- und Lesezirkel über den Kommunismus und die soziale Frage an, den dieser seit Sommer 1842 betrieb. Nicht nur die sozialen Probleme im Rheinland, sondern auch die Entwicklungen im Ausland, wie etwa die Chartistenbewegung in England, veranlassten Marx' Beschäftigung mit der sozialen Frage.

Allerdings: Marx ist in dieser Zeit noch weit entfernt von seiner Option für die Aufhebung des Privateigentums und den Kommunismus, wie er sie bereits 1844 in seinen *Pariser Manuskripten* dezidiert vertreten sollte. Noch in einer Polemik gegen die *Augsburger Allgemeine Zeitung* empfiehlt derselbe Mann, der fünf Jahre später das *Kommunistische Manifest* verfassen sollte, gegen Arbeiteraufstände notfalls Kanonen einzusetzen!

Marx ist es aber – und hier zeigt sich ein wesentlicher Charakterzug – vor allem um Seriosität und intellektuelle Redlichkeit zu tun, was schließlich auch zum Bruch mit den Junghegelianern und seinem einstigen Mentor Bruno Bauer führt. Bezeichnend hierfür ist seine folgende Einlassung:

Ich erkläre, dass ich das Einschmuggeln kommunistischer und sozialistischer Dogmen, also einer neuen Weltanschauung, in beiläufigen Theaterkritiken etc. für unpassend, ja für unsittlich halte und eine ganz andere und gründlichere Besprechung des Kommunismus, wenn er einmal besprochen werden sollte, verlange. Ich begehre dann, die Religion mehr in der Kritik der politischen Zustände, als die politischen Zustände in der Religion zu kritisieren […], *dass, wenn einmal von Philo[sophie] gesprochen, weniger mit der Firma »Atheismus« getändelt* […] *als vielmehr ihr Inhalt unters Volk gebracht würde.* (zitiert nach Sperber 2013, 108)

Bezeichnend an dieser Passage ist auch, dass Marx hier das wesentliche Motiv seiner späteren Religionskritik bereits vorwegnimmt. Schon in seiner Auseinandersetzung mit Rutenberg über seine Stellungnahme zur Möglichkeit der Zivilehe, die dieser als allzu weichgespült empfand, bestand Marx darauf, dass dessen Kritik der Religion als Selbstzweck übersehe, dass diese lediglich das Produkt gesellschaftlicher Zustände sei. Diese Haltung markiert nun auch eine Trennungslinie gegenüber den Junghegelianern, deren vermeintliche Radikalität das

Entscheidende vermissen ließ: den politischen Veränderungswillen.

In Köln kam es übrigens auch zu einer ersten Begegnung mit *Friedrich Engels*, der später so entscheidend für Leben und Werk des Karl Marx werden sollte. Allerdings verlief dieses erste Treffen recht unterkühlt. Marx ordnete Engels einfach den Berliner Junghegelianern zu, mit denen er inzwischen gebrochen hatte.

Auf ein – vielleicht irritierendes – Moment der Kontinuität im Marx'schen Denken ist hier hinzuweisen, das in der Mitarbeit an der *Rheinischen Zeitung* seinen Ursprung hat: Marx blieb, auch als Kommunist, zeit seines Lebens ein entschiedener Verfechter des Freihandels! Was damals dem ökonomischen Interesse seiner Geldgeber entsprach, bleibt für ihn unter anderen Vorzeichen ein treibender Motor der Weltmarktintegration und damit der Entwicklung der Produktivkräfte als notwendiger materieller Basis für eine andere, sozialistische Eigentumsordnung. Kurz vor Erscheinen des *Kommunistischen Manifests* vertrat Marx noch in einer flammenden Rede über den Freihandel diese Position (vgl. MEW 4, 444–458). Die fatale Wirkungsgeschichte dieser Auffassung kann hier nicht dargestellt werden. Jedenfalls bleibt sie ein Stein des Anstoßes für heutige Globalisierungskritiker.

Unter Marx' Leitung wurde die *Rheinische Zeitung* außerordentlich erfolgreich. Die Zahl der Abonnenten verdreifachte sich, und die Autoren rissen sich darum, für die Zeitung schreiben zu dürfen. Die Kehrseite allerdings war das strenge Argusauge der Zensur! Sie trieb manchmal recht seltsame Blüten! So soll einmal die Annonce einer Neuübersetzung von Dantes *Göttlicher Komödie* der Zensur zum Opfer gefallen sein, da man sich – so der Zensor – über religiöse Angelegenheiten nicht lustig machen dürfe! Anlass für eine Verschärfung der Zensur war ein Artikel von Karl Marx in der Ausgabe vom November 1842. Hier formuliert er einen Satz, der seinen späteren »historischen Materialismus« in brillanter

Formulierung vorwegnimmt: »Derselbe Geist baut die philosophischen Systeme in dem Hirn der Philosophen, der die Eisenbahnen mit den Händen der Gewerke baut.«

Der Provinzgouverneur, Oberpräsident von Schaper, sah sich daraufhin veranlasst, Marx eine Verwarnung zukommen zu lassen. Marx reagierte klug und in aller gebotenen Höflichkeit. Er wollte den Fortbestand der Zeitung um keinen Preis gefährden. Vergeblich: Die Polizei beorderte Wilhelm Saint-Paul extra aus Berlin nach Köln, der als spezieller Zensor jeden Artikel durchsah und ihn darauf an den Regierungspräsidenten Karl Heinrich von Gerlach sandte. Ende März 1843 verbot die Zensur schließlich die Zeitung endgültig. Die erste – und in seinem Leben einzige! – bezahlte Festanstellung von Marx war damit beendet. Doch Marx selbst war der Arbeit unter diesen Bedingungen ohnehin längst überdrüssig geworden. Er schreibt an Arnold Ruge:

Mir war die Atmosphäre so schwül geworden. Es ist schlimm, Knechtsdienste selbst für die Freiheit zu verrichten und mit Nadeln statt Kolben zu fechten. Ich bin der Heuchelei, der Dummheit, der rohen Autorität und unseres Schmiegens, Biegens, Rückendrehens und der Wortklauberei müde gewesen. Also die Regierung hat mich wieder in Freiheit gesetzt. [...] *In Deutschland kann ich nichts mehr beginnen. Man verfälscht sich hier selbst.* (Mehring 2001, 53)

Mit eben diesem Arnold Ruge, der zuvor die *Halle'schen Jahrbücher* herausgegeben hatte, fasste er den Plan eines neuen Projektes: die Gründung der *Deutsch-Französischen Jahrbücher*. Für Marx bedeutete dies nicht nur ein neues Wirkungsfeld, sondern die Aussicht auf ein gutes, regelmäßiges Einkommen und damit die Voraussetzung, endlich, nach siebenjähriger Verlobungszeit, seine geliebte Jenny von Westphalen heiraten zu können. Die Hochzeit fand in Bad Kreuznach statt – erst standesamtlich, dann kirchlich in der evangelischen Paulskirche.

Bei seinem Aufenthalt dort begegnete er auch einer alten Bekannten aus Berliner Zeiten wieder: keiner Geringeren als *Bettina von Arnim*, mit der er sich offensichtlich glänzend verstand. Das junge Ehepaar Marx zog für einige Monate nach Trier zur Brautmutter, Frau von Westphalen, deren Ehemann kurz zuvor verstorben war, um dann nach Paris umzusiedeln. Für Marx begann das Leben eines Emigranten, der er bis zu seinem Tod bleiben sollte.

In der evangelischen Paulskirche in Bad Kreuznach heiratete Marx nach langjähriger Verlobungszeit Jenny von Westphalen.

»... DIE DEUTSCHEN FRANZÖSISCH ZU LEHREN«: PARIS

Ende Oktober 1843 trifft Marx zusammen mit seiner Frau in Paris ein. Sie beziehen zunächst zusammen mit Arnold Ruge und dessen Frau Quartier im Haus des gefeierten deutschen Dichters Georg Herwegh, bis sie schließlich in der Rue Vaneau eine passende Wohnung finden.

Paris gilt vielen zu dieser Zeit als die intellektuelle Hauptstadt der Welt. Friedrich Engels war es, der die Stadt enthusiastisch als einen Ort beschrieb, an dem »alle Nervenfasern der europäischen Geschichte sich vereinigten und von der aus in gemessenen Zeiträumen die elektrischen Schläge ausgingen, unter denen eine ganze Welt erbebte« (zitiert nach Banning 1966, 24). In Frankreich beginnt sich die Industrie zu entwickeln – wenn auch nicht in so gewaltigem Ausmaß und Tempo wie in England –, und der Gegensatz zwischen den alten Grundbesitzern und der neuen Bourgeoisie sowie Arbeiteraufstände vor allem im Süden des Landes bestimmen die gesellschaftliche Dynamik. Unter dem »Bürgerkönig« Louis-Philippe I. ist das politische System zwar eine autoritäre Monarchie, jedoch im Vergleich zu vielen Polizeistaaten Europas wesentlich toleranter. Zusammen mit Genf, Brüssel und London ist Paris deshalb der Zufluchtsort einer großen Schar von politischen Migranten, vor allem deutscher Zunge. Natürlich war das Land der Revolution auch Projektionsfläche. Marx selbst gab ja den Zweck des Projekts der *Deutsch-Französischen Jahrbücher* damit an, »die Deutschen Französisch zu lehren«, das heißt die praktische Umwälzung der Gesellschaft ins Werk zu setzen. Marx hatte zu Frankreich auch einen starken persönlichen Bezug: Das hing einmal mit seiner Familiengeschichte und der Tatsache zusammen, dass sein Vater allein aufgrund der französischen Herrschaft in Trier und der Durchsetzung des Code civil als Jude die Möglichkeit einer bürgerlichen Existenz bekam. Zum anderen war er tief von der französischen Kultur geprägt und hatte z. B. die Bücher von Balzac, Hugo und Sand verschlungen.

»Das Pariser Exil ist die bedeutsamste Zeit seiner Lehr- und Wanderjahre gewesen, reich an Anregungen und Erfahrungen, reicher durch den Gewinn eines Kampfgefährten, den er je länger je notwendiger brauchte, um sein großes Lebenswerk zu vollbringen.« (Mehring 2001, 113) So lautet das Urteil Franz Mehrings über Marx' Pariser Zeit. Marx begegnet in Paris *Heinrich Heine*, mit dem er bald freundschaftlich verbunden sein wird. »Wir brauchen ja wenige Zeichen, um uns zu verstehen« heißt es in einem Brief des späteren Verfassers des Gedichtes *Die Weber*, das des Aufstands der schlesischen Weber gedachte, an Marx. Auch den russischen Anarchisten *Michail Bakunin*, später einer seiner erbitterten Gegner, lernt er kennen. Vor allem aber kommt er in Kontakt zu sozialistischen Gruppierungen unterschiedlichster Prägung, zu Anhängern Saint-Simons und Fouriers und nicht zuletzt zum »Handwerkersozialismus« in Gestalt des vom Schneidergesellen *Wilhelm Weitling* angeführten *Bundes der Gerechten*, der im Wesentlichen von deutschen Emigranten getragen war. Diesem schwärmerischen, in seinen Grundlagen eher verworrenen, von romantischen Vorstellungen über das Urchristentum u. ä. inspirierten Sozialismus sollte Marx bald seinen wissenschaftlich begründeten Sozialismus entgegensetzen. Mit Weitling sollte er bei zumindest einer Gelegenheit scharf aneinandergeraten. Nicht zuletzt lernt er auch den in Lyon lebenden *Pierre Proudhon* kennen, den zu dieser Zeit berühmtesten Sozialisten Frankreichs. Proudhon wendet sich gegen Kapital und Staat gleichermaßen. Die wachsende Kapitalakkumulation sei die Quelle aller sozialen Ungleichheit, und der Staat legalisiere und legitimiere unter dem Deckmantel der Demokratie diese Aneignung.

Heinrich Heine (1797–1856) war mit der Familie Marx freundschaftlich verbunden und verkehrte oft in deren Haus.

Nächtelang diskutiert Marx mit ihm, unter anderem über die Frage, ob eine gerechte Umverteilung auf dem Weg von Reformen durchzusetzen sei. Später wird Marx mit seinem Werk *Das Elend der Philosophie* (eine Antwort auf Proudhons *Philosophie des Elends*) eine scharfe Polemik gegen Proudhon verfassen.

Die folgenreichste Begegnung – auf die auch das obige Zitat Mehrings anspielt – ist aber die mit dem Wuppertaler Fabrikantensohn *Friedrich Engels.* Sie waren sich bereits in Bonn kurz über den Weg gelaufen. Engels, der spätere Autor des bedeutenden Werks *Zur Lage der Arbeiterklasse in England*, hatte für die *Deutsch-Französischen*

Friedrich Engels (1820–1895), lebenslanger Freund und Mitstreiter von Karl Marx

Jahrbücher zwei Beiträge zu realen ökonomischen Problemen verfasst, die starken Eindruck auf Marx machten. Bald stellten sie fest, dass sie von verschiedenen Voraussetzungen her zu sehr ähnlichen Positionen und Denkweisen gelangt waren. Engels kam aus einem pietistischen Elternhaus und hatte nur mühsam und unter inneren Krisen diese verinnerlichte, weltverneinende Frömmigkeit überwunden – vor allem mithilfe der Auseinandersetzung mit linkshegelianischen Denkern, nicht zuletzt mit David Strauß' *Leben Jesu*. Nach den Plänen des Vaters sollte Friedrich seine Geschäfte als Textilfabrikant und -händler übernehmen, doch gerade der enge Kontakt mit der Arbeitswelt in Manchester und der Situation des Industrieproletariats ließ ihn einen kritischen Standpunkt gewinnen und den Kapitalismus in seiner Dynamik begreifen. Der »Seitenwechsel« des Unternehmersohns kam nicht zuletzt auch dadurch zum Ausdruck, dass er mit zwei einfachen Arbeiterinnen, den Schwestern Mary und Lizzy Burns, ein Liebesverhältnis einging. In Paris also begann die lebenslange enge Freundschaft und kongeniale Zusammenarbeit der beiden Männer.

Das Projekt der *Deutsch-Französischen Jahrbücher* – der eigentliche Grund des Umzugs nach Paris – scheiterte allerdings. Es gelang nicht, wie ursprünglich vorgesehen, französische Autoren dafür zu gewinnen; dabei hatten Marx und Ruge durchaus hochkarätige Autoren angesprochen: Cabet, Leroux (auf den der Terminus »Sozialismus« zurückgeht), Blanc, Lamennais und Lamartine. Sie lehnten ab bzw. zogen ihre ursprüngliche Zusage wieder zurück, vor allem aus dem Grund, weil sie mit den beiden dezidiert atheistischen Initiatoren nicht gern in Verbindung gebracht werden wollten. Dazu kam ein sowohl privates wie auch politisches Zerwürfnis zwischen Marx und Ruge. So erschien letztlich nur eine Doppelnummer der Zeitschrift – diese aber ist beachtlich! Sie enthält zwei äußerst bedeutende Schriften von Marx und nicht zuletzt formuliert er darin zum ersten Mal ausdrücklich seinen kommunistischen Standpunkt.

Die eine der beiden Schriften, *Zur Judenfrage*, ist eigentlich eine Rezension zweier Artikel seines einstigen Mentors Bruno Bauer (vgl. dazu TS 71–89). Der Titel ist insofern irreführend, als Marx die von Bauer aufgeworfene Frage nach den Bedingungen der Emanzipation der Juden lediglich als Steilvorlage für viel Grundsätzlicheres nimmt. Marx trifft hier die wichtige Unterscheidung zwischen politischer Emanzipation und allgemeinmenschlicher Emanzipation! Der Mensch ist in der bürgerlichen Gesellschaft gespalten. Seine Existenz als dem Gemeinwohl verpflichtetes Gattungswesen realisiert

VERLAGSHAUS RÖMERWEG.

Diese Karte entnahm ich dem Buch:

....

☐ Bitte senden Sie mir Ihr Büchermagazin.

☐ Bitte informieren Sie mich über Ihre Neuerscheinungen.

☐ Ja, ich möchte Ihren Newsletter erhalten.

Alle Informationen unter
www.verlagshausroemerweg.de

Für Ihre schnelle Anfrage:
info@verlagshausroemerweg.de

Absender

Name, Vorname

Straße, Nr.

Plz, Ort

Telefonnummer*

Faxnummer*

E-Mail*

Unterschrift

*freiwillige Angabe

Bitte
ausreichend
frankieren

Rückantwort

Verlagshaus Römerweg GmbH
Römerweg 10
D-65187 Wiesbaden

er nur ideell, in der Sphäre des Staates, während er in seiner wirklichen, materiellen Existenz genau das Gegenteil repräsentiert: Hier ist er ein Individuum, das borniert und in Konkurrenz zu den anderen seine privaten Interessen verfolgt. Auch wenn das politische Gemeinwesen so ausgestaltet ist, dass es den vernünftigen Allgemeinwillen zum Ausdruck bringt, bleibt der Mensch in seiner materiellen Existenz ein beschränktes, egoistisches Wesen. Sein Gattungsleben steht außerhalb dieser wirklichen Existenz, ihr gegenüber. Diese Unterscheidung entspricht der Unterscheidung vom Menschen als *bourgeois* und *citoyen*. Erst wenn sich durch die *Aufhebung des Privateigentums* das Gattungswesen des Menschen in der Sphäre seiner wirklichen Existenz und nicht mehr außerhalb derselben realisieren kann, ist der Mensch wirklich emanzipiert. Erst wenn das bornierte Eigeninteresse, der Kampf aller gegen alle, nicht mehr das bestimmende Element des wirklichen Lebens des Menschen ist, ist die Voraussetzung seiner wahren Emanzipation gegeben.

Alle *Emanzipation ist* Zurückführung *der menschlichen Welt, der Verhältnisse, auf den Menschen* selbst.

Die politische Emanzipation ist die Reduktion des Menschen, einerseits auf das Mitglied der bürgerlichen Gesellschaft, auf das egoistische unabhängige *Individuum, andrerseits auf den* Staatsbürger, *auf die moralische Person.*

Erst wenn der wirkliche individuelle Mensch den abstrakten Staatsbürger in sich zurücknimmt und als individueller Mensch in seinem empirischen Leben, in seiner individuellen Arbeit, in seinen individuellen Verhältnissen, Gattungswesen *geworden ist, erst wenn der Mensch seine »forces propres« als gesellschaftliche Kräfte erkannt und organisiert hat und daher die gesellschaftliche Kraft nicht mehr in der Gestalt der* politischen Kraft *von sich trennt, erst dann ist die menschliche Emanzipation vollbracht.* (TS 89 / MEW 1, 370)

Interessant ist ferner, dass Marx die diagnostizierte Aufspaltung des Menschen als religiöses Verhältnis bezeichnet: Das heißt, Religion ist für ihn in diesem Stadium einfach ein Synonym für Trennung, Separation, Aufspaltung. Gleichzeitig ist sie das Symptom dafür, dass die Emanzipation des Menschen nicht wirklich stattgefunden hat. Gerade die Fortexistenz und das üppige Gedeihen der Religion in demokratischen Gesellschaften wie den Vereinigten Staaten von Amerika sind für Marx ein Indiz dafür, dass die politische Emanzipation nicht die eigentliche Emanzipation des Menschen bewirkt.

Dies führt uns direkt zur zweiten, äußerst wichtigen Schrift in den *Jahrbüchern*: *Zur Kritik der Hegel'schen Rechtsphilosophie* (vgl. TS 53–69). In mehrfacher Hinsicht ist diese Schrift von kaum zu überschätzender Bedeutung. Zunächst begründet Marx darin zum ersten Mal die besondere Rolle des Industrieproletariats aufgrund seiner objektiven Situation. Das Proletariat sei jene Klasse, die sich nur dann selbst befreien kann, wenn sie gleichzeitig die Gesellschaft insgesamt emanzipiert.

Wo also die positive *Möglichkeit der deutschen Emanzipation?*

Antwort: *In der Bildung einer Klasse mit* radikalen Ketten, *einer Klasse der bürgerlichen Gesellschaft, welche keine Klasse der bürgerlichen Gesellschaft ist, eines Standes, welcher die Auflösung aller Stände ist, einer Sphäre, welche einen universellen Charakter durch ihre universellen Leiden besitzt und kein* besondres Recht *in Anspruch nimmt, weil kein* besondres Unrecht, *sondern das* Unrecht schlechthin *an ihr verübt wird, welche nicht mehr auf einen* historischen, *sondern nur noch auf den* menschlichen Titel *provozieren kann, welche in keinem einseitigen Gegensatz zu den Konsequenzen, sondern in einem allseitigen Gegensatz zu den Voraussetzungen des deutschen Staatswesens steht, einer Sphäre endlich, welche sich nicht emanzipieren kann, ohne sich von allen übrigen Sphären der Gesellschaft und damit alle übrigen Sphären der Gesellschaft zu emanzipieren, welche mit einem Wort der* völlige Verlust *des Menschen ist, also nur durch die* völlige Wiedergewinnung des Menschen *sich selbst gewinnen kann. Diese Auflösung der Gesellschaft als ein besondrer Stand ist das* Proletariat. (TS 68 / MEW 1, 390)

Die Parteinahme für das Proletariat ist also nicht willkürlich, vielmehr garantiert dieser gesellschaftliche Standpunkt allein Universalität!

Berühmt wurde diese Schrift aber vor allem, weil sie die klassische Formulierung der Marx'schen Religionskritik enthält. Wenn Marx einleitend dazu bemerkt, dass für Deutschland die Kritik der Religion im Wesentlichen beendet sei, dann knüpft er zunächst an *Ludwig Feuerbach* an. Feuerbach, der zunächst als herausragender Hegel-Schüler begonnen hatte, spürte, wie die Junghegelianer insgesamt, das Bedürfnis, aus dem alles umfassenden System Hegels auszubrechen. Für ihn wurde die konkrete Sinnlichkeit, die bei Hegel lediglich zu einem untergeordneten Moment in der Selbstentfaltung des absoluten Geistes herabgestuft war, zum Kriterium der Wirklichkeit schlechthin. Selbstverständlich hat innerhalb dieses Wirklichkeitsverständnisses ein transzendent gedachter Gott keinen Platz mehr. In seiner höchst einflussreichen Schrift *Das Wesen des Christentums* will Feuerbach die Gottesidee als Projektion des Menschen entlarven – allerdings nicht des Individuums, sondern des Menschen als Gattungswesen, als das sich der Einzelne konkret in der Ich-Du-Beziehung erfährt. Die Attribute, die traditionellerweise Gott zugesprochen werden – Allmacht, Allwissenheit und Allgüte –, sind ihm zufolge die Attribute, die der Gattung Mensch zukommen und auf ein Wesen außerhalb projiziert werden. Marx stand zunächst ganz im Bann dieser Destruktion der Religion und singt eine enthusiastische Lobeshymne auf Feuerbach:

O schämt euch, ihr Christen, ihr vornehmen und gemeinen, gelehrten und ungelehrten Christen, schämt euch, dass ein Antichrist euch das Wesen des Christentums in seiner wahren, unverhüllten Gestalt zeigen musste! Und euch, ihr spekulativen Theologen und Philosophen, rate ich: Macht euch frei von den Begriffen und Vorurteilen der bisherigen spekulativen Philosophie, wenn ihr anders zu den Dingen, wie sie sind, d. h. zur Wahrheit kommen wollt. Und es gibt keinen anderen Weg für euch zur Wahrheit und Freiheit, als durch den Feuerbach [sic]. *Der Feuerbach ist das Purgatorium der Gegenwart.* (zitiert nach Post 1969, 89)

Nun aber geht Marx in seiner eigenen originellen Religionskritik entscheidend über Feuerbach hinaus: 1. Mit der Erklärung, dass die Kritik der Religion beendet sei, insistiert Marx darauf, dass nun, nach Beseitigung der Illusion, der Weg frei sei dafür, sich der Kritik der gesellschaftlichen Wirklichkeit selbst zuzuwenden, die diese Illusion hervorbringt. Dies sei nun die eigentliche, dringliche Aufgabe, der wir uns zu stellen haben, und nicht der direkte Kampf gegen die Religion, wie ihn die Junghegelianer provokativ verfolgt haben. 2. Damit ist aber auch schon gesagt, dass sich Marx nicht damit begnügt, einfach festzustellen, dass die Religion eine Kopfgeburt ist, er fragt vielmehr nach dem *Warum* dieser Projektionsleistung. Will man die Religion nicht einfach auf eine Erkenntnisschwäche des Menschen zurückführen, dann stellt sich die Frage nach dem *fundamentum in re*, nach der (gesellschaftlichen) Wirklichkeit, die zu solcher Projektion überhaupt erst veranlasst. 3. Für Marx ist aber auch der Ausgangspunkt Feuerbachs bei der Sinnlichkeit ein allzu grobschlächtiger Materialismus. Feuerbach sei dem Fehler verfallen – so wird er später noch präziser ausführen –, dass er die sinnliche Wirklichkeit als Objekt der Anschauung auffasse und dabei bereits abstrahiere von dem ursprünglichen Zusammenhang von Subjekt und Objekt, nämlich der sinnlich-tätigen Praxis des Menschen.

Es lohnt sich, die religionskritische Passage in diesem Text, die oftmals nur auf den berühmten »Opium-Satz« reduziert wird, im Zusammenhang zu lesen:

Für Deutschland ist die Kritik der Religion *im Wesentlichen beendigt, und die Kritik der Religion ist die Voraussetzung aller Kritik.*

Die profane Existenz des Irrtums ist kompromittiert, nachdem seine himmlische oratio pro aris et focis [Rede für Altar und Herd] *widerlegt ist. Der Mensch, der in der fantastischen Wirklichkeit des Himmels, wo er einen Übermenschen suchte, nur den* Widerschein *seiner selbst gefunden hat, wird nicht mehr geneigt sein, nur den Schein seiner selbst, nur den Unmenschen zu finden, wo er seine Wirklichkeit sucht und suchen muss.*

Das Fundament der irreligiösen Kritik ist: Der Mensch macht die Religion, *die Religion macht nicht den Menschen. Und zwar ist die Religion das Selbstbewusstsein und das Selbstgefühl des Menschen, der sich selbst entweder noch nicht erworben oder schon wieder verloren hat. Aber der Mensch, das ist kein abstraktes, außer der Welt stehendes Wesen. Der Mensch, das ist* die Welt des Menschen, *Staat, Sozietät. Dieser Staat, diese Sozietät produzieren die Religion, ein* verkehrtes Weltbewusstsein, *weil sie eine* verkehrte Welt *sind. Die Religion ist die allgemeine Theorie dieser Welt, ihr enzyklopädisches Kompendium, ihre Logik in populärer Form, ihr spiritualistischer Point d'honneur, ihr Enthusiasmus, ihre moralische Sanktion, ihre feierliche Ergänzung, ihr allgemeiner Trost- und Rechtfertigungsgrund. Sie ist die* fantastische Verwirklichung *des menschlichen Wesens, weil das* menschliche Wesen *keine wahre Wirklichkeit besitzt. Der Kampf gegen die Religion ist also mittelbar der Kampf gegen jene* Welt, *deren geistiges Aroma die Religion ist.*

Das religiöse Elend *ist in einem der* Ausdruck *des wirklichen Elendes und in einem die* Protestation *gegen das wirkliche Elend. Die Religion ist der Seufzer der bedräng-*

ten Kreatur, das Gemüt einer herzlosen Welt, wie sie der Geist geistloser Zustände ist. Sie ist das Opium *des Volkes.*

Die Aufhebung der Religion als des illusorischen *Glücks des Volkes ist die Forderung seines* wirklichen *Glücks. Die Forderung, die Illusionen über einen Zustand aufzugeben, ist die* Forderung, einen Zustand aufzugeben, der der Illusionen bedarf. *Die Kritik der Religion ist also im* Keim *die* Kritik des Jammertals, *dessen* Heiligenschein *die Religion ist.*

Die Kritik hat die imaginären Blumen an der Kette zerpflückt, nicht damit der Mensch die fantasielose, trostlose Kette trage, sondern damit er sie abwerfe und die lebendige Blume breche. Die Kritik der Religion enttäuscht den Menschen, damit er denke, handle, seine Wirklichkeit gestalte wie ein enttäuschter, zu Verstand gekommener Mensch, damit er sich um sich selbst und damit um seine wirkliche Sonne bewege. Die Religion ist nur die illusorische Sonne, die sich um den Menschen bewegt, solange er sich nicht um sich selbst bewegt.

Es ist also die Aufgabe der Geschichte, *nachdem das* Jenseits der Wahrheit *verschwunden ist, die* Wahrheit des Diesseits *zu etablieren. Es ist zunächst die* Aufgabe der Philosophie, *die im Dienste der Geschichte steht, nachdem die* Heiligengestalt *der menschlichen Selbstentfremdung entlarvt ist, die Selbstentfremdung in ihren* unheiligen Gestalten *zu entlarven. Die Kritik des Himmels verwandelt sich damit in die Kritik der Erde, die* Kritik der Religion *in die* Kritik des Rechts, *die* Kritik der Theologie *in die* Kritik der Politik. (TS 58–59 / MEW 1, 378–379)

Der berühmte »Opium-Satz«, der als populäre Zusammenfassung von Marx' Religionskritik gilt – ärgerlicherweise oft auch noch falsch als »Opium *für das* Volk« wiedergegeben, als ob Marx die reichlich triviale These eines bewussten Betrugs vertreten hätte –, ist eher beiläufig in diesen Text eingeflossen und keineswegs eine originelle Wendung. Sie lag damals gleichsam in der Luft, vor allem wegen des Opiumkrieges zwischen der britischen Imperialmacht und China. Marx hat diesen Vergleich vermutlich direkt von Moses Heß entlehnt, bei dem es an einer Stelle heißt, die Religion könne

> [...] *das unglückliche Bewusstsein der Knechtschaft dadurch erträglich machen, dass sie dasselbe bis zur Zerknirschtheit steigert, in welcher jede Reaktion gegen das Übel und somit jeder Schmerz aufhört – wie das Opium in schmerzlichen Krankheiten gute Dienste tut.* (zitiert nach Weiß 2015, 1003)

Der marxistische Philosoph Ernst Bloch hat auf einen wichtigen Aspekt hingewiesen: Indem Marx die Religion in einem als Ausdruck des wirklichen Elends und zugleich als Protestation dagegen bezeichne, zeige er, dass ihm die Ambivalenz des Phänomens Religion durchaus bewusst ist und dass ein Gespräch zwischen Atheisten und Gottgläubigen durchaus an diesem ambivalenten Charakter anknüpfen könne (vgl. Bloch 1980, 92).

Viel entscheidender aber in diesem Zusammenhang ist, dass die Quintessenz der Religionskritik für Marx das ist, was er selbst als seinen kategorischen Imperativ bezeichnet:

> *Die Kritik der Religion endet mit der Lehre, dass der* Mensch das höchste Wesen für den Menschen *sei, also mit dem* kategorischen Imperativ, alle Verhältnisse umzuwerfen, *in denen der Mensch ein erniedrigtes, ein geknechtetes, ein verlassenes, ein verächtliches Wesen ist* [...]. (TS 64 / MEW 1, 385)

Es würde dem historisch-materialistischen Standpunkt von Marx widersprechen, wenn er sich auf irgendeinen vorgegebenen inhaltlichen Wertekanon, auf einen inhaltlichen Maßstab außerhalb des historischen Prozesses, auf ein »Naturrecht« oder Ähnliches berufen würde. Dennoch nimmt er einen bestimmten gesellschaftlichen – und damit letztlich auch erkenntnistheoretischen – Standort ein, und dieser Standort ist eben keine willkürliche Parteinahme, sondern es ist der Standort, der als einziger Universalität, Allgemeingültigkeit garantiert: Die gesellschaftlichen Verhältnisse offenbaren ihr eigentliches Wesen stets vom Standpunkt der faktisch Ausgegrenzten her. Damit aber schließt sich der Kreis zur im selben Text definierten privilegierten Rolle des Industrieproletariats. Die außerhalb des Systems Stehenden hat Marx für seine Zeit mit dem Industrieproletariat identifiziert. Sein »kategorischer Imperativ« aber macht deutlich, dass diese Identifikation nur die zeit- und umstandsbedingte Konkretisierung der Auffassung ist, dass sich ein System immer nur von denen her zu erkennen gibt, die es ausgrenzt. Ein »Arbeiterbewegungsmarxismus«, der die »Arbeiterklasse« unabhängig von den gesellschaftlichen Veränderungen hypostasiert und zum messianischen Großsubjekt der Universalgeschichte erhebt, hat Marx gründlich missverstanden. Er selbst hat in späteren Schriften differenziert und nach der Rolle anderer gesellschaftlicher Gruppen als dem Industrieproletariat gefragt, etwa nach der der Parzellenbauern. Im heutigen »globalisierten« Kapitalismus aber sind die »Verdammten dieser Erde« gewiss nicht die Arbeiter in den reichen Industrieländern – eher schon die Opfer des Klimawandels in Afrika und Asien.

Trotz dieser gewichtigen Inhalte waren die *Deutsch-Französischen Jahrbücher* ein Flop. Ruge ist vom Scheitern des ursprünglichen Plans enttäuscht und zögert, Marx das vereinbarte Honorar auszuzahlen. In Paris findet die Schrift kaum Leser. In Wien droht Fürst von Metternich den Buchhandlungen mit schweren Sanktionen, wenn sie das Buch zu verkaufen versuchten. Die wenigen nach Deutschland ausgelieferten Exemplare werden beschlagnahmt, und für Marx ist ein Haftbefehl ausgesprochen, sobald er preußisches Territorium betritt. Ab nun gilt für ihn der lapidare Satz, den er auf die Arbeiter gemünzt später ins *Kommunistische Manifest* schreiben sollte: »Die Arbeiter haben kein Vaterland.« Der Philosoph, der sich als der Kopf des Proletariats versteht, teilt nun dieses Schicksal. Marx wird nun sein Leben lang staatenlos bleiben.

Erfreuliches hatte immerhin das Privatleben des Ehepaars Marx zu bieten: Am 1. Mai 1844 wird ihr erstes Kind, Jenny, genannt »Jennychen«, geboren. Im Sommer reist Jenny mit der neugeborenen Tochter nach Trier zu ihrer Mutter. Marx arbeitet äußerst intensiv, stürzt sich auf unterschiedliche Wissensgebiete, aber – so beklagt sich Ruge – ohne irgendetwas wirklich zu Ende zu bringen. Ein Ereignis, das ihn und seine Gefährten erschüttert, ist das furchtbare Massaker an den aufständischen schlesischen Webern im Juni 1844.

Marx vertieft sich nun in die neuerliche Lektüre sozialistischer Autoren wie Saint-Simon und Proudhon, vor allem aber eignet er sich intensiv die Werke der klassischen Ökonomen an: John Stuart Mill, Adam Smith, Jean-Baptiste Say und insbesondere David Ricardo, für den die Lohnarbeit des Industriearbeiters die wahre Quelle des Reichtums ist. Aus dieser intensiven Beschäftigung mit der Ökonomie geht ein bedeutendes Manuskript hervor, das allerdings erst lange nach Marx' Tod veröffentlicht werden sollte, und zwar zuerst in russischer Sprache 1932 unter dem Titel *Manuskripte von 1844*. Der Text ist heute bekannt unter *Ökonomisch-philosophische Manuskripte* oder auch *Pariser Manuskripte* und hat seit seinem Publikwerden heftige Kontroversen über seinen Stellenwert innerhalb des Marx'schen Gesamtwerkes ausgelöst. Für die einen ist es das noch unausgereifte, »vorwissenschaftliche« Produkt eines Denkers, der sich über seine eigenen Kategorien noch nicht im Klaren war, für andere hingegen – den Psychoanalytiker und Philosophen der Frankfurter Schule Erich Fromm etwa – ist es gar der Schlüssel zu Marx' Gesamtwerk. Jedenfalls markiert es eine wichtige Etappe seines Denkweges (vgl. dazu TS 91–124).

Marx entfaltet hier zunächst seinen so zentralen Begriff der *Entfremdung*. Natürlich ist der Ursprung des Begriffs wiederum bei Hegel zu finden, der in seiner spekulativen Geistphilosophie von der *Entäußerung* des Geistes spricht. Losgelöst von diesem idealistischen Konzept bekommt der Begriff bei Marx einen konkreten ökonomischen und gesellschaftlichen Inhalt. Entfremdung ist zunächst die *Trennung des Arbeiters vom Produkt seiner Arbeit*. Arbeit ist für Marx – wiederum in Anschluss an Hegel – der Akt der schöpferischen Auseinandersetzung mit der Natur, durch welchen sich der Mensch zu dem macht, was er sein kann. Erst durch die Vergegenständlichung seiner Möglichkeiten, seines potenziellen Wesens in der tätigen Transformation der Natur, kommt der Mensch zu sich selbst. Doch unter kapitalistischen Verhältnissen wird diese Vergegenständlichung zur Entfremdung von seinem Wesen. Die aus der eigenen Arbeit hervorgehenden Produkte treten dem schöpferischen Menschen als fremde Gegenstände gegenüber, verselbstständigen sich. Das Produkt etabliert sich als unabhängige Macht gegenüber seinem Produzenten, es gehorcht den Gesetzmäßigkeiten der kapitalistischen Warenwelt und tritt ihm schließlich als fremd und feindselig gegenüber. Dieses Phänomen wird Marx später mit dem Begriff des »Fetischismus« beschreiben.

Entfremdung meint darüber hinaus die *Abspaltung von der produktiven Tätigkeit selbst*. Arbeit ist Vergegenständlichung in einem doppelten Sinn: einmal als Resultat, als Produkt der Arbeit, und dann als Aktivität des Produzierens selbst. Unter den ökonomischen Bedingungen des Kapitalismus ist diese Vergegenständlichung nicht länger Selbstbetätigung, Verwirklichung, sondern im Gegenteil, Entwirklichung des Arbeiters. Die entfremdete Arbeit ist unter diesen Voraussetzungen nicht Befriedigung eines Bedürfnisses, sondern wird zum bloßen Mittel degradiert, um andere Bedürfnisse zu befriedigen, sie ist eine durch äußere Not abgezwungene Zwangsarbeit. Der Arbeiter macht sein Wesen, nämlich das produktive Leben, die Selbstbetätigung, in der er sich zu sich selbst verhält, zu einem Mittel für seine Existenz.

Unter den Bedingungen der kapitalistischen Ökonomie *entfremdet sich der Mensch* des Weiteren *von der menschlichen Gattung*. In der Arbeit bezieht sich der Mensch auf die anderen Menschen, in der Arbeit verhält er sich zur Gattung. In der freien bewussten Tätigkeit kommt der Gattungscharakter des Menschen zum Ausdruck, sein produktives Leben ist sein Gattungsleben. Die konkrete Gestalt der im Kapitalismus fremdgesteuerten, entfremdeten Arbeit, die nicht aus eigener Zwecksetzung und Verantwortung geleistet wird, ist deshalb Entfremdung vom Gattungsleben des Menschen.

Und schließlich bedeutet die Arbeit unter kapitalistischen Bedingungen die *Entfremdung des Menschen vom Menschen*, vom konkreten Anderen. Dies demonstriert Marx unter anderem am Verhältnis der Geschlechter und an der Verkümmerung der menschlichen Verhaltensweisen im Kapitalismus.

Es liegt die Vermutung nahe, dass der Mann, durch den Marx überhaupt erst mit sozialistischem Gedankengut in Berührung kam, großen Einfluss auf diese Marx'schen Gedankengänge genommen hat: Moses Heß: Jedenfalls weist eine Abhandlung Heß' (*Über das Geldwesen*), die ursprünglich für die *Deutsch-Französischen Jahrbücher* vorgesehen war, eine recht große inhaltliche Nähe zum Entfremdungsbegriff, näherhin zum Zusammenhang von ökonomischer und religiöser Entfremdung, in den *Pariser Manuskripten* auf (vgl. dazu Weiß 2015, 112 ff).

Zum ersten Mal in dieser Klarheit entfaltet Marx als Gegenentwurf zur Entfremdung einen Begriff vom *Kommunismus* als *positiver Aufhebung des Privateigentums*:

Der Kommunismus *als* positive *Aufhebung des* Privateigentums, *als* menschlicher Selbstentfremdung, *und darum als wirkliche* Aneignung des menschlichen Wesens *durch und für den Menschen; darum als vollständige, bewusst und innerhalb des ganzen Reichtums der bisherigen Entwicklung gewordne Rückkehr des Menschen für sich als eines* gesellschaftlichen, *das heißt menschlichen Menschen.* […] *Die positive Aufhebung des* Privateigentums, *als die Aneignung des* menschlichen Lebens, ist daher die positive *Aufhebung aller Entfremdung, also die Rückkehr des Menschen aus Religion, Familie, Staat etc. in sein* menschliches, *das heißt* gesellschaftliches *Dasein. Die religiöse Entfremdung als solche geht nur in dem Gebiet des* Bewusstseins *des menschlichen Innern vor, aber die ökonomische Entfremdung ist die des* wirklichen *Lebens – ihre Aufhebung umfasst daher beide Seiten.* (TS 109–110 / MEW 40, 536–537)

Marx hat auch ein scharfes Bewusstsein dafür, wie sehr eine bestimmte Eigentumsordnung auf den Menschen selbst zurückwirkt, wie sie sich einfräst in seine anthropologische Struktur und sein gesamtes Denken und Verhalten kolonialisiert. Für Erich Fromm, den Autor des Bestsellers *Haben oder Sein*, ist die folgende Passage aus den *Pariser Manuskripten* zum Schlüsseltext geworden:

Das Privateigentum hat uns so dumm und einseitig gemacht, dass ein Gegenstand erst der unsrige ist, wenn wir ihn haben, er also als Kapital für uns existiert, oder von uns unmittelbar besessen, gegessen, getrunken, an unsrem Leib getragen, von uns bewohnt etc., kurz gebraucht wird. Obgleich das Privateigentum alle diese unmittelbaren Verwirklichungen des Besitzes selbst wieder nur als Lebensmittel *fasst, und das Leben, zu dessen Mittel sie dienen, ist das* Leben des Privateigentums, *Arbeit und Kapitalisierung.*

An die Stelle aller *physischen und geistigen Sinne ist daher die einfache Entfremdung aller dieser Sinne, der Sinn des* Habens *getreten. Auf diese absolute Armut musste das menschliche Wesen reduziert werden, damit es seinen inneren Reichtum aus sich herausgebäre.* (TS 113 / MEW 40, 540)

Insgesamt aber kann man den Marx der *Pariser Manuskripte* von einem romantischen Schwärmertum nicht ganz freisprechen. In einer überschwänglich formulierten Textpassage legt er zumindest nahe, dass die Aufhebung des Privateigentums eine Allversöhnung von Mensch und Natur bewirke und letztlich zur Aufhebung aller Antagonismen führe, die mit der *Conditio humana*, mit der konkreten Daseinsverfassung des Menschen, näherhin seiner Endlichkeit, gegeben sind:

Dieser Kommunismus ist als vollendeter Naturalismus = Humanismus, als vollendeter Humanismus = Naturalismus, er ist die wahrhafte *Auflösung des Widerstreites zwischen dem Menschen mit der Natur und mit dem Menschen, die wahre Auflösung des Streits zwischen Existenz und Wesen, zwischen Vergegenständlichung und Selbstbetätigung, zwischen Freiheit und Notwendigkeit, zwischen Individuum und Gattung. Er ist das aufgelöste Rätsel der Geschichte und weiß sich als diese Lösung.* (TS 109 / MEW 40, 536)

Wie man dies auf materialistischer Grundlage, nachdem man Hegels idealistische Geistphilosophie aufgegeben hat, begründen und behaupten kann, bleibt das Geheimnis von Karl Marx. Jedenfalls ist hier die konkrete Analyse der verdinglichten, entfremdeten Verhältnisse ins Schwärmertum umgekippt. Man darf daran erinnern, dass diese Texte vom selben Mann stammen, der mit den »utopischen« Sozialisten so scharf ins Gericht ging.

Eine der vielen Zeitschriften der deutschen Emigranten in Paris war der vierzehntägig erscheinende *Vorwärts!* – nicht zu verwechseln mit dem späteren Organ der deutschen Sozialdemokratie –, für den Marx ebenfalls Artikel verfasst hatte. Jonathan Sperber nennt die beiden Gründer der Zeitschrift, den Theaterregisseur Heinrich Börnstein sowie Adelbert von Bornstedt, ein »halbseidenes Gespann« (Sperber 2013, 145), doch nach und nach gewannen Linksintellektuelle und eben auch Karl Marx Einfluss auf das Blatt. Marx etwa veröffentlichte einen Artikel über den Aufstand der schlesischen Weber darin.

Er bekräftigt in diesem Beitrag seine bereits in der *Kritik der Hegel'schen Rechtsphilosophie* entfaltete Überzeugung, dass das Proletariat der entscheidende Motor der gesellschaftlichen Umwälzung sei. Der preußischen Regierung war das Blatt schon lange ein Dorn im Auge. Nun aber kam das Fass zum Überlaufen: Der *Vorwärts!* begrüßte begeistert ein fehlgeschlagenes Attentat auf Friedrich Wilhelm IV. Daraufhin wird kein Geringerer als Alexander von Humboldt vom Preußenkönig in besonderem Auftrag zu König Louis-Philippe I. geschickt. Der *Vorwärts!* wird verboten. Und es dauert gerade einmal 48 Stunden, bis der Außenminister François Guizot die Ausweisung der Redakteure und Mitarbeiter des Blattes verfügt: Börnstein, Bürgers, Ruge, Bakunin, Heine und auch Karl Marx. Nach heftigen Protesten französischer Liberaler wird das Dekret halb zurückgenommen: Die Ausweisung betrifft nun nur noch die Redakteure, nicht aber die Mitarbeiter – außer Marx. Er wurde offensichtlich von der preußischen Regierung als besonders gefährlich eingestuft. Ein möglicher Zufluchtsort, der sich anbot, war Belgien, und Leopold I. war bereit, Flüchtlinge aufzunehmen, sofern sie auf jede revolutionäre Tätigkeit verzichten.

So trifft Marx zusammen mit der erneut schwangeren Jenny und seiner inzwischen zweijährigen, gerade kranken Tochter am 3. Februar 1845 in Brüssel ein. Aber erst nachdem er am 22. März schriftlich erklärt hat, sich jeder politischen Betätigung zu enthalten, erhält er die Aufenthaltsgenehmigung. Dort in Brüssel bekommt der Haushalt der kleinen Familie Marx Zuwachs von einer Person, die das weitere Leben mit ihnen teilen sollte: Jennys Mutter schickt die Haushälterin Helene (»Lenchen«) Demuth zur Unterstützung nach Brüssel. Nach und nach treffen auch andere Migranten aus Paris ein, darunter Moses Heß und schließlich, im April, Friedrich Engels. Sie werden Nachbarn in Brüssel, und in Brüssel werden aus ihrer Zusammenarbeit wichtige Texte hervorgehen.

DENKEN IM DIENST DER VERÄNDERUNG: BRÜSSEL

Brüssel sollte für die kommenden drei Jahre Marx' »Heimat« werden. Die Hauptstadt des erst kurz zuvor (1830) als eigenständiger Staat gegründeten Belgien mit ihren etwa 250 000 Einwohnern war im Vergleich zu Paris verschlafen – nicht nur, was das Nachtleben betraf. Es gab zwar auch hier eine deutsche Kolonie von Emigranten und ein entsprechendes intellektuelles Klima, aber es fehlte weitgehend an einer sozialistischen »Szene«. Ausgeglichen wurde das durch die interessante geografische Lage mit jeweils geringen Entfernungen zu Köln, Paris oder London – ein idealer Ort, um europäische Vernetzungsarbeit zu betreiben. In eben diesem Sinne wurden Marx und Engels auch aktiv. Eine gemeinsame Reise nach England (Manchester und London) im Jahr 1845 war für sie die Gelegenheit, die Kontakte zu den dortigen Handwerkervereinen, insbesondere zum Londoner *Bund der Gerechten*, der wichtigsten Geheimgesellschaft deutscher Exilanten, zu intensivieren. Die führende Figur war damals der »Berufsrevolutionär« Karl Schapper. Nach ihrer Rückkehr nach Brüssel fassten Marx und Engels den Plan, ihre guten Verbindungen nach England und Frankreich zu nutzen, um ein europäisches Netzwerk von Kommunisten zu organisieren, und gründeten hierfür das *Kommunistische Korrespondenzkomitee*. Ziel war es, einen Kongress vorzubereiten, auf dem Delegierte aus ganz Europa ein politisches Programm verabschieden sollten. Doch dem Vorhaben war zunächst nur mäßiger Erfolg beschieden.

Aus der Brüsseler Zeit gingen Arbeiten unterschiedlichen Stellenwerts hervor, die insgesamt einen wichtigen Klärungsprozess der theoretischen Grundlagen widerspiegeln. Zunächst schloss Marx seine theoretische Abrechnung mit Proudhon ab. Seine in französischer Sprache verfasste Schrift *La Misère de la philosophie* (*Das Elend der Philosophie*) zeugt vor allem davon, wie intensiv Marx sich zu dieser Zeit bereits in die Fragestellungen der klassischen Ökonomen, vor allem David Ricardos, eingearbeitet hatte. Die aktuelle Bedeutung dieses Werks ist allerdings eher zu vernachlässigen. Dennoch sei hier eine Passage daraus zitiert, die auch heute noch an die Adresse orthodoxer Marxisten zu richten wäre. Marx spottet in dieser Schrift auch über Proudhons wenig kundige Rezeption Hegels. Ähnlich hantieren heutige orthodoxe Marxisten gern mit dem Zauberwort »Dialektik« herum, ohne wirklich verstanden zu haben, was es bedeutet. Sie seien hier, nicht ganz ohne Schadenfreude, dem Spott von Marx ausgesetzt:

Die unpersönliche Vernunft […] *sieht* […] *sich gezwungen, einen Purzelbaum zu schlagen und sich selbst zu ponieren, zu opponieren und zu komponieren – Position, Opposition, Komposition. Um Griechisch zu sprechen, haben wir These, Antithese und Synthese. Für die, welche die Hegel'sche Sprache nicht kennen, lassen wir die Weihungsformel folgen: Affirmation, Negation, Negation der Negation.* […] *Man wende diese Methode auf die Kategorien der politischen Ökonomie an, und man hat* […] *die aller Welt bekannten ökonomischen Kategorien in eine wenig bekannte Sprache übersetzt, in der sie aussehen, als seien sie soeben funkelneu einem reinen Vernunftskopf entsprungen.* (MEW 4, 127.129)

Formal ein Gemeinschaftswerk von Marx und Engels aus jener Zeit ist *Die heilige Familie*, eine polemische Abrechnung mit den Junghegelianern, also mit Marx' eigener Vergangenheit. Die Bedeutung des Werks für heute kann man aus zwei Gründen relativieren: Zum einen sind die darin kritisierten Philosophen heute eher Fußnoten der Philosophiegeschichte und zum anderen sind die wesentlichen, weiterführenden Gedanken daraus viel präziser in einem weiteren Gemeinschaftswerk von Marx und Engels gefasst: in der *Deutschen Ideologie*. Darin ist im

Wesentlichen der *historische Materialismus* grundgelegt – ein essenzielles Element der Kontinuität im Marx'schen Gesamtwerk. In formaler Hinsicht fällt Franz Mehring, der erste Biograf von Marx, ein geradezu vernichtendes Urteil über dieses Werk, das sich doch als bahnbrechend erweisen sollte:

Es ist eine noch weitläufigere Überpolemik als schon die »Heilige Familie« in ihren dürrsten Kapiteln aufzeigt, dafür sind die Oasen in der Wüste viel spärlicher gesäet, wenn sie auch keineswegs völlig fehlen. Und wo immer sich dialektische Schärfe zeigt, artet sie alsbald in Haarspaltereien und Wortklaubereien mitunter recht kleinlicher Art aus. (Mehring 2001, 121)

Allein die Tatsache, dass von den 596 Seiten der Originalausgabe 499 Seiten dem wenig bedeutenden Max Stirner (*Der Einzige und sein Eigentum*) gewidmet sind, macht dazu geneigt, Mehring recht zu geben. Doch die Seiten, die sich auf Feuerbach beziehen, sind schon hinreichend geeignet, das Denken zu revolutionieren. Das Werk fand keinen Verleger, war aber, wie Marx selbst viel später schreiben wird, von höchster Bedeutung für die Klärung der eigenen Grundlagen. In seinem Vorwort zu seiner Schrift *Zur Kritik der politischen Ökonomie* gibt Marx kurz biografisch Rechenschaft über seinen eigenen Denkweg. Aus dieser kurzen Passage lässt sich die Bedeutung der *Deutschen Ideologie* für sein Denken ermessen:

Friedrich Engels, mit dem ich seit dem Erscheinen seiner genialen Skizze zur Kritik der ökonomischen Kategorien (in den »Deutsch-Französischen Jahrbüchern«) einen steten schriftlichen Ideenaustausch unterhielt, war auf anderem Wege (vergleiche seine »Lage der arbeitenden Klasse in England«) mit mir zu demselben Resultat gelangt, und als er sich im Frühjahr 1845 ebenfalls in Brüssel niederließ, beschlossen wir, den Gegensatz unserer Ansicht gegen die ideologische der deutschen Philosophie gemeinschaftlich auszuarbeiten, in der Tat mit unserem ehemaligen philosophischen Gewissen abzurechnen. Der Vorsatz ward ausgeführt in der Form einer Kritik der nachhegelschen Philosophie. Das Manuskript, zwei starke Oktavbände, war längst an seinem Verlagsort in Westfalen angelangt, als wir die Nachricht erhielten, dass veränderte Umstände den Druck nicht erlaubten. Wir überließen das Manuskript der nagenden Kritik der Mäuse umso williger, als wir unseren Hauptzweck erreicht hatten – Selbstverständigung. (TS 235–236; MEW 13,10)

Zunächst ist festzuhalten, dass der historische Materialismus, den Marx und Engels hier entwickeln, überhaupt nichts zu tun hat mit einem weltanschaulichen Materialismus, der alles auf materielle Prozesse reduziert und das Sein insgesamt als Materie auslegt. An solchen metaphysischen Fragen hatte Marx kaum Interesse. Ihm ging es um das Verstehen von historischen Prozessen, um das Verstehen der Lebensäußerungen des Menschen. Auch der später entwickelte Terminus »dialektischer Materialismus« hat überhaupt nichts mit Marx zu tun. Man wird diesen Ausdruck in seinem Gesamtwerk vergeblich suchen. Marx spricht lediglich von »historischem Materialismus« und in ganz anderem Zusammenhang – ich werde darauf zurückkommen – von seiner dialektischen Methode! Marx und Engels wenden sich gegen die Illusion des voraussetzungslosen Denkens, das seinen eigenen Zusammenhang mit der Wirklichkeit nicht mehr reflektiert. Diese Wirklichkeit begreifen sie allerdings nicht als etwas objektiv Gegebenes, sondern als die Tätigkeit der Menschen selbst, als ihre sinnliche Praxis, in der sie in der Auseinandersetzung mit der Natur ihr eigenes Leben produzieren und reproduzieren. Jedes Denken, das davon absieht, läuft in die Irre und sitzt der Illusion auf:

Die Voraussetzungen, mit denen wir beginnen, sind keine willkürlichen, keine Dogmen, es sind wirkliche Voraussetzungen, von denen man nur in der Einbildung abstrahieren kann. Es sind die wirklichen Individuen, ihre Aktion und ihre materiellen Lebensbedingungen, sowohl die vorgefundenen wie die durch ihre eigne Aktion erzeugten. Diese Voraussetzungen sind also auf rein empirischem Wege konstatierbar. Die erste Voraussetzung aller Menschengeschichte ist natürlich die Existenz lebendiger menschlicher Individuen. Der erste zu konstatierende Tatbestand ist also die körperliche Organisation dieser Individuen und ihr dadurch gegebenes Verhältnis zur übrigen Natur. […] Alle Geschichtsschreibung muss von diesen natürlichen Grundlagen und ihrer Modifikation im Lauf der Geschichte durch die Aktion der Menschen ausgehen. Man kann die Menschen durch das Bewusstsein, durch die Religion, durch was man sonst will, von den Tieren unterscheiden. Sie selbst fangen an, sich von den Tieren zu unterscheiden,

Aus der Zusammenarbeit zwischen Marx und Engels gingen gerade in der gemeinsamen Brüsseler Zeit so bedeutende Werke hervor wie die *Deutsche Ideologie* oder das *Manifest der Kommunistischen Partei.*

sobald sie anfangen, ihre Lebensmittel zu produzieren, *ein Schritt, der durch ihre körperliche Organisation bedingt ist. Indem die Menschen ihre Lebensmittel produzieren, produzieren sie indirekt ihr materielles Leben selbst.* (TS 143 / MEW 3, 20–21)

Jede Art von Theoriebildung und (philosophischer) Reflexion muss demnach Marx zufolge, will sie nicht dogmatisch bzw. illusionär werden, ihren Ausgangspunkt beim wirklichen, materiellen Lebensprozess der Menschen und dessen materiellen und historisch gewordenen Bedingungen nehmen. Der historische Materialismus als Methode bewährt sich daran, die unterschiedlichen Lebensäußerungen und gesellschaftlichen Betätigungsweisen des Menschen in einen kohärenten Deutungszusammenhang zu bringen. Die Menschen begreifen sich darin als die Produzenten ihrer gesamten historischen Lebensform. Die politischen Institutionen, Recht, Philosophie, Wissenschaft, usw. und das Bewusstsein der Menschen selbst sollen auf den tatsächlichen materiellen Lebensprozess bezogen und von diesem Rückbezug her verstanden werden. Der Schein der Selbstständigkeit kann nochmals aus den spezifischen Produktionsverhältnissen selbst erklärt werden! Der materielle Lebensprozess ist die letzte tragende Grundlage aller gesellschaftlichen und politischen Lebensäußerungen.
Die Einbettung des Bewusstseins selbst in den wirklichen, materiellen Lebensprozess ist also das zentrale Thema der *Deutschen Ideologie*. Das Bewusstsein – so betont Marx – ist immer das Bewusstsein von wirklichen, lebendigen Individuen. Deshalb ist nicht von den Inhalten dieses Bewusstseins, sondern von dessen Trägern, den wirklichen Menschen, auszugehen. Die Sinnspitze der Marx'schen Kritik ist es hier, jede Verselbstständigung der unterschiedlichen Formen des Bewusstseins als aus dem materiellen Lebensprozess hervorgehend aufzudecken und sie in das Ganze dieser Lebenstätigkeit einzuordnen:

Die Produktion der Ideen, Vorstellungen, des Bewusstseins ist zunächst unmittelbar verflochten in die materielle Tätigkeit und den materiellen Verkehr der Menschen, Sprache des wirklichen Lebens. Das Vorstellen, Denken, der geistige Verkehr der Menschen erscheinen hier noch als direkter Ausfluss ihres materiellen Verhaltens. Von der geistigen Produktion, wie sie in der Sprache der Politik, der Gesetze, der Moral, der Religion, Metaphysik usw. eines Volkes sich darstellt, gilt dasselbe. Die Menschen sind die Produzenten ihrer Vorstellungen, Ideen pp., aber die wirklichen, wirkenden Menschen, wie sie bedingt sind durch eine bestimmte Entwicklung der Produktivkräfte und des denselben entsprechenden Verkehrs bis zu seinen weitesten Formationen hinauf. Das Bewusstsein kann nie etwas andres sein als das bewusste Sein, und das Sein der Menschen ist ihr wirklicher Lebensprozess. Wenn in der ganzen Ideologie die Menschen und ihre Verhältnisse, wie in einer Camera obscura, auf den Kopf gestellt erscheinen, so geht dies Phänomen ebenso sehr aus ihrem historischen Lebensprozess hervor, wie die Umdrehung der Gegenstände auf der Netzhaut aus ihrem unmittelbar physischen.

Ganz im Gegensatz zur deutschen Philosophie, welche vom Himmel auf die Erde herabsteigt, wird hier von der Erde zum Himmel gestiegen. Das heißt, es wird nicht ausgegangen von dem, was die Menschen sagen, sich einbilden, sich vorstellen, auch nicht von den gesagten, gedachten, eingebildeten, vorgestellten Menschen, um davon aus bei den leibhaftigen Menschen anzukommen; es wird von den wirklich tätigen Menschen ausgegangen und aus ihrem wirklichen Lebensprozess auch die Entwicklung der ideologischen Reflexe und Echos dieses Lebensprozesses dargestellt. […] Nicht das Bewusstsein bestimmt das Leben, sondern das Leben bestimmt das Bewusstsein. In der ersten Betrachtungsweise geht man von dem Bewusstsein als dem lebendigen Individuum aus, in der zweiten, dem wirklichen Leben entsprechenden, von den wirklichen lebendigen Individuen selbst und betrachtet das Bewusstsein nur als ihr Bewusstsein. (TS 144–145 / MEW 3, 26–27)

Den Schein der Selbstständigkeit, den die unterschiedlichen Formen des Bewusstseins besitzen, erklärt Marx konsequenterweise aus dem materiellen Lebensprozess selbst, näherhin aus der Teilung der Arbeit. Erst nachdem sich durch die sich durchsetzende Arbeitsteilung die Verhältnisse der Menschen verselbstständigt hatten, trat als Folge die Verselbstständigung der Gedanken und Ideen auf. Die Herausbildung der Arbeitsteilung gipfelte schließlich in der Trennung von materieller und geistiger Arbeit.

Hieraus wird der Marx'sche Ideologiebegriff klar: Ideologie als »falsches Bewusstsein« bedeutet keineswegs irregeführtes oder unzulängliches Denken. Jede Ideologie hat als verkehrtes Bewusstsein ihren Grund in der Verkehrtheit der realen Verhältnisse selbst, in den Widersprüchen des gesellschaftlichen Prozesses. Daraus zieht Marx den Schluss:

Die Gedanken der herrschenden Klasse sind in jeder Epoche die herrschenden Gedanken, das heißt die Klasse, welche die herrschende materielle *Macht der Gesellschaft ist, ist zugleich ihre herrschende* geistige *Macht. Die Klasse, die die Mittel zur materiellen Produktion zu ihrer Verfügung hat, disponiert damit zugleich über die Mittel zur geistigen Produktion, sodass ihr damit zugleich im Durchschnitt die Gedanken derer, denen die Mittel zur geistigen Produktion abgehen, unterworfen sind. Die herrschenden Gedanken sind weiter nichts als der ideelle Ausdruck der herrschenden materiellen Verhältnisse, die als Gedanken gefassten, herrschenden materiellen Verhältnisse; also der Verhältnisse, die eben die eine Klasse zur herrschenden machen, also die Gedanken ihrer Herrschaft. Die Individuen, welche die herrschende Klasse ausmachen, haben unter anderm auch Bewusstsein und denken daher; insofern sie also als Klasse herrschen und den ganzen Umfang einer Geschichtsepoche bestimmen, versteht es sich von selbst, dass sie dies in ihrer ganzen Ausdehnung tun, also unter andern auch als Denkende, als Produzenten von Gedanken herrschen, die Produktion und Distribution der Gedanken ihrer Zeit regeln; dass also ihre Gedanken die herrschenden Gedanken der Epoche sind.* (TS 159 / MEW 3, 46)

Die Verkehrtheit der kapitalistischen Ökonomie ist im Wesentlichen darin begründet, dass sich unser eigenes Produkt zu einer sachlichen Gewalt über uns konsolidiert, die unserer Kontrolle entwächst. Erst dieser reale Antagonismus bringt das falsche Bewusstsein hervor.

Nicht unerwähnt bleiben darf eine berühmte Passage aus der *Deutschen Ideologie*, die eine utopische Beschreibung der kommunistischen Gesellschaft bietet. Die vollständige Kontrolle der Produktivkräfte durch die kooperativ vereinten Menschen und die Aufhebung der Arbeitsteilung münden in eine Gesellschaft, in der die zwanglose Selbstbetätigung und Selbstverwirklichung des Menschen an die Stelle der bisher als Zwang empfundenen Arbeit tritt:

Sowie nämlich die Arbeit verteilt zu werden anfängt, hat jeder einen bestimmten ausschließlichen Kreis der Tätigkeit, der ihm aufgedrängt wird, aus dem er nicht heraus kann; er ist Jäger, Fischer oder Hirt oder kritischer Kritiker, und muss es bleiben, wenn er nicht die Mittel zum Leben verlieren will – während in der kommunistischen Gesellschaft, wo jeder nicht einen ausschließlichen Kreis der Tätigkeit hat, sondern sich in jedem beliebigen Zweige ausbilden kann, die Gesellschaft die allgemeine Produktion regelt und mir eben dadurch möglich macht, heute dies, morgen jenes zu tun, morgens zu jagen, nachmittags zu fischen, abends Viehzucht zu treiben, nach dem Essen zu kritisieren, wie ich gerade Lust habe; ohne je Jäger, Fischer, Hirt oder Kritiker zu werden. (TS 152 / MEW 3, 33)

Wer den Text aufmerksam liest, der entdeckt auch die darin enthaltene subtile Ironie, die etwa durch die Wendung »kritischer Kritiker« – ein Seitenhieb gegen die

Junghegelianer – angezeigt wird. Dies erlaubt zumindest die Frage, inwieweit Marx und Engels die hier beschriebene Zukunftsvision als wirklich innergeschichtlich realisierbar betrachtet haben. Wie auch immer dem sei: Der spätere Marx war hier deutlich nüchterner, wenn er etwa im dritten Band des *Kapital* von einem stets bleibenden Reich der Notwendigkeit spricht und davon, dass sich das Reich der Freiheit erst jenseits dieses Reichs der Notwendigkeit realisieren lässt. Wenigstens aus der Sicht des späten Marx ist die Beschreibung in der *Deutschen Ideologie* eher utopischer Horizont, vor dem sich die Widersprüche, die Verdinglichung, innerhalb der bestehenden Gesellschaft umso schärfer fassen lassen.

Zur selben Zeit entstand ein Text, der auch sachlich in den Zusammenhang der *Deutschen Ideologie* gehört, den Engels aber erst nach dem Tod von Marx in seinem schriftlichen Nachlass aufgefunden hat: die *Thesen über Feuerbach*. Die insgesamt elf Thesen, die Marx in die knappe Form von nur etwas mehr als zwei Seiten gefasst hat, können mit Fug und Recht als die Mitte des Marx'schen Denkens bezeichnet werden. Anknüpfend an die Feuerbach-Kritik in der *Deutschen Ideologie* fasst Marx hier in präziser Form sein eigenes Theorieverständnis, seinen Primat der Praxis, zusammen, der freilich nichts mit Aktionismus zu tun hat, sondern eine erkenntnistheoretische Position darstellt, die sich bis in die moderne wissenschaftstheoretische Diskussion hinein als fruchtbar erweisen sollte (vgl. dazu TS 125–134).

Die Frage, ob dem menschlichen Denken gegenständliche Wahrheit zukomme – ist keine Frage der Theorie, sondern eine praktische *Frage. In der Praxis muss der Mensch die Wahrheit, i. e. die Wirklichkeit und Macht, die Diesseitigkeit seines Denkens beweisen. Der Streit über die Wirklichkeit oder Nichtwirklichkeit des Denkens – das von der Praxis isoliert ist – ist eine rein scholastische Frage.* (TS 131–132 / MEW 3, 5)

Denken ist immer eingebettet in eine bestimmte gesellschaftliche Praxis, ist selbst ein Moment dieser Praxis und nicht losgelöst davon zu verstehen. Genauso, wie alle Bewusstseinsformen sich letztlich auf die sinnlich-tätige Praxis der Menschen zurückführen lassen, ist auch die emanzipatorische, gesellschaftsverändernde Praxis die Grundlage für eine Theorie der Gesellschaft:

Die materialistische Lehre von der Veränderung der Umstände und der Erziehung vergisst, dass die Umstände von den Menschen verändert und der Erzieher selbst erzogen werden muss. Sie muss daher die Gesellschaft in zwei Teile – von denen der eine über ihr erhaben ist – sondieren.

Das Zusammenfallen des Änderns der Umstände und der menschlichen Tätigkeit oder Selbstveränderung kann nur als revolutionäre Praxis *gefasst und rationell verstanden werden.* (TS 132 / MEW 3, 5–6)

Gerade für die Brüsseler Zeit von Marx ist die Verschränkung zwischen seiner eigenen Theoriebildung und der politisch-revolutionären Praxis deutlich zu erkennen. Die kleine Gruppe um Marx, das *Korrespondenzkomitee*, dem unter anderem Wilhelm Wolff (»Lupus«) und Marx' Schwager Edgar von Westphalen angehörten (der aber bald nach Amerika auswanderte), erweckte das Interesse der Londoner Kommunisten. Sie entsandten Anfang 1847 Joseph Moll, um über eine Zusammenarbeit und eine Neuorganisation des *Bundes der Gerechten* zu verhandeln. Bei einem Kongress in London im Juni 1847 wurde unter dem maßgeblichen Einfluss von Marx und Engels aus dem *Bund der Gerechten* der *Bund der Kommunisten*. Vor allem sollte aber der Status eines Geheimbundes aufgegeben werden. Stattdessen sollte nun die offene Propaganda die Strategie bilden. Marx und Engels wurden beauftragt, eine programmatische Schrift als Grundlage zu verfassen. Daraus sollte ein Text entstehen, der wahrhaft Weltgeschichte machte und als

die Schrift gilt, die nach der Bibel weltweit die größte Verbreitung fand: das *Manifest der Kommunistischen Partei* (vgl. dazu TS 163–192). Auch dieser Text ist rein formal eine Gemeinschaftsarbeit von Marx und Engels, wir können aber die jeweiligen Anteile daran recht genau auseinanderhalten. Engels hatte als Vorarbeit zunächst ein »Kommunistisches Glaubensbekenntnis« entworfen, das im Stil der katholischen Katechismen, das heißt in Frage- und Antwort-Form, dürre Lehrsätze und Definitionen bot: »Was ist das Proletariat? Das Proletariat ist [...]« Engels war sich der Unzulänglichkeit dieser literarischen Form selbst bewusst. Am 24. November 1847 schreibt er an Marx: »Überleg Dir doch das Glaubensbekenntnis etwas. Ich glaube, wir tun am besten, wir lassen die Katechismusform weg und titulieren das Ding: ›Kommunistisches *Manifest*‹. Da darin mehr oder weniger Geschichte erzählt werden muss, passt die bisherige Form gar nicht. Ich bringe das hiesige mit, das ich gemacht habe, es ist einfach erzählend, aber miserabel redigiert, in fürchterlicher Eile.« (zitiert nach Mehring 2001, 154)
Gestützt auf diese Vorarbeiten seines Freundes Engels schreibt Marx, der noch nicht einmal dreißigjährige Philosoph aus Deutschland, in nur wenigen Tagen einen Text, der nicht nur die Welt bewegen sollte, sondern darüber hinaus ein stilistisches Meisterstück darstellt!
Viele betrachten das *Manifest* als den entscheidenden Wendepunkt hin zum »wissenschaftlichen Sozialismus«. Aber die Kontinuität zum bisherigen Marx'schen Denken, besonders zur *Deutschen Ideologie*, ist unübersehbar. Trotz des literarisch beeindruckenden Textes können wir uns m. E. heute doch nur kritisch darauf beziehen.

Marx beschreibt zunächst die gesamte Geschichte als eine Geschichte von Klassenkämpfen:

Die Geschichte aller bisherigen Gesellschaft ist die Geschichte von Klassenkämpfen.

Manifest

der

Kommunistischen Partei.

Veröffentlicht im Februar 1848.

Proletarier aller Länder vereinigt Euch!

London.

Gedruckt in der Office der „Bildungs-Gesellschaft für Arbeiter“
von J. E. Burghard.
46, Liverpool Street, Bishopsgate.

»Ein Gespenst geht um in Europa ...« So beginnt jener Text, der nach der Bibel der am meisten verbreitete der Weltgeschichte überhaupt werden sollte.

Freier und Sklave, Patrizier und Plebejer, Baron und Leibeigener, Zunftbürger und Gesell, kurz, Unterdrücker und Unterdrückte standen in stetem Gegensatz zueinander, führten einen ununterbrochenen, bald versteckten, bald offenen Kampf, einen Kampf, der jedes Mal mit einer revolutionären Umgestaltung der ganzen Gesellschaft endete oder mit dem gemeinsamen Untergang der kämpfenden Klassen. (TS 171 / MEW 4, 462)

In einem Brief an Joseph Weydemeyer aus dem Jahr 1852 weist Marx selbst übrigens darauf hin, dass nicht er es gewesen sei, der den Klassenantagonismus entdeckt und beschrieben habe, sondern dass längst zuvor bürgerliche Autoren das Faktum des Klassenkampfes dargestellt hätten. Seinen eigenen Beitrag zu dieser Frage sieht er selbst in drei Aspekten: Er meint, nachgewiesen zu haben, dass 1. die Existenz von Klassen mit bestimmten historischen Entwicklungsstufen der Produktion zusammenhängt; dass 2. der Klassenkampf in die Diktatur des Proletariates münden werde; und dass 3. am Ende die Aufhebung des Klassengegensatzes überhaupt stehen werde (vgl. MEW 28, 507). Die Entdeckung des Faktums des Klassenkampfes geschah also zunächst unabhängig von der Marx'schen ökonomischen Analyse und Methode. Vor allem aber erhellt aus dieser Aussage, dass der Klassenkampf für Marx alles andere als ein ehernes Geschichts- oder gar Naturgesetz war. Im Gegenteil, er entlarvt den Mythos seiner Naturgegebenheit, erklärt ihn als historisch bedingt und damit auch als überwindbar.

Die gegenwärtige Gesellschaft zeichne sich dadurch aus, dass sie die Klassengegensätze vereinfacht habe. Nun stünden sich nur noch zwei Klassen als Antipoden gegenüber: Bourgeois und Proletarier! Dies ist sicherlich eine vereinfachende Zuspitzung der wesentlich differenzierteren gesellschaftlichen Dynamik, die Marx in späteren Schriften – zum Beispiel im *Achtzehnten Brumaire* und im *Kapital* – stillschweigend korrigieren wird, wo er immerhin auch zur Kenntnis nimmt, dass es daneben auch Großgrundbesitzer und Parzellenbauern gibt, deren Rollen innerhalb der Gesellschaft nicht zu vernachlässigen sind.

Nun aber singt Marx über lange Seiten hinweg mit leuchtenden Augen und verklärtem Blick das Hohelied der Bourgeoisie – erstaunlich genug für den Text eines Kommunisten! Die Bourgeoisie ist nämlich nicht einfach der Feind des Proletariats, in Marx' Geschichtsauffassung hat sie vielmehr eine unverzichtbare historische Rolle zu erfüllen: Sie muss die Entwicklung der Produktivkräfte, also des technischen Produktionsapparats, auf ihren Höhepunkt treiben, und erst auf dieser Basis der industriellen Entwicklung ist ein neues gesellschaftliches Verhältnis, eine sozialistische Gesellschaft, möglich. Bereits in der *Deutschen Ideologie* findet sich die Bemerkung, dass ohne diese Voraussetzung eine sozialistische Gesellschaft lediglich »die Verallgemeinerung der ganzen alten Scheiße« wäre. Die Produktivkräfte, die dann unter die gemeinschaftliche Kontrolle der Produzenten fallen, müssen erst auf einen Stand gebracht worden sein, der dann die freie Entfaltung der Menschen erlaubt:

Die Bourgeoisie hat in ihrer kaum hundertjährigen Klassenherrschaft massenhaftere und kolossalere Produktionskräfte geschaffen als alle vergangenen Generationen zusammen. Unterjochung der Naturkräfte, Maschinerie, Anwendung der Chemie auf Industrie und Ackerbau, Dampfschifffahrt, Eisenbahnen, elektrische Telegrafen, Urbarmachung ganzer Weltteile, Schiffbarmachung der Flüsse, ganze aus dem Boden hervorgestampfte Bevölkerungen – welches frühere Jahrhundert ahnte, dass solche Produktionskräfte im Schoß der gesellschaftlichen Arbeit schlummerten.

Wir haben also gesehen: Die Produktions- und Verkehrsmittel, auf deren Grundlage sich die Bourgeoisie heranbildete, wurden in der feudalen Gesellschaft erzeugt. Auf einer gewissen Stufe der Entwicklung dieser Produktions- und Verkehrsmittel entsprachen die Verhältnisse, worin die feudale Gesellschaft produzierte und austauschte, die feudale Organisation der Agrikultur und Manufaktur, mit einem Wort die feudalen Eigentumsverhältnisse den schon entwickelten Produktivkräften nicht mehr. Sie hemmten die Produktion, statt sie zu fördern. Sie verwandelten sich in ebenso viele Fesseln. Sie mussten gesprengt werden, sie wurden gesprengt. (TS 175 / MEW 467)

Der entscheidende Motor der geschichtlichen Entwicklung ist für Marx also das Wechselspiel von Produktivkraftentwicklung (also des Stands des technischen Produktionsapparats) einerseits und den Produktionsverhältnissen (das heißt der Eigentumsordnung als des gesetzlichen und politischen Rahmens) andererseits. Ein bestimmter Stand der technischen Entwicklung sprengt irgendwann das allzu eng gewordene Korsett des gesellschaftlichen Verhältnisses. Dies ist sicherlich ein hervorragender Schlüssel zum Verständnis des Übergangs von der Feudalgesellschaft zur bürgerlichen Gesellschaft, also im Wesentlichen zum Verständnis der Französischen Revolution. Aber wie legitim ist es, daraus ein allgemeines Gesetz der historischen Entwicklung überhaupt zu machen? Ist Marx hier nicht der Versuchung erlegen, das, was für einen bestimmten Epochenübergang gelten mag, als Passepartout für die Geschichte insgesamt zu verwenden?

Aus heutiger Sicht mutet die enthusiastische Beschreibung der technischen Entwicklungen durch Marx eher rührend an, ging es doch im Wesentlichen um die Dampfmaschine und die durch sie ermöglichten Produktionsprozesse, höchstens ansatzweise um die Elektrifizierung. Dies alles war natürlich weit entfernt von der heutigen Roboterisierung oder gar der neuestens propagierten »Industrie 4.0«!

Aus der Sicht des 21. Jahrhunderts ist aber vor allem der Industrialismus und Produktivismus kritisch zu betrachten, dem Marx hier als Kind des 19. Jahrhunderts aufsaß. Die menschheitsgeschichtlich recht kurze und nur für den geringeren Teil der Menschheit geltende Epoche der Industrialisierung erweist sich mehr und mehr als Singularität, als Ausnahmeerscheinung, die nicht beliebig in die Zukunft zu extrapolieren ist. Sie war nur möglich aufgrund der massiven Ausbeutung der fossilen Energieträger, die heute zur Neige gehen und eben bei Weitem nicht ersetzt werden können durch erneuerbare Quellen und eine effizientere Technik. Dieser kritische Einwand ist allerdings eher an die Adresse der Epigonen von Marx denn an ihn selbst zu richten. Rückblickend wäre aber zu bedenken, ob der naive Schneidergeselle Wilhelm Weitling, der von Marx in so arroganter Weise abgekanzelt wurde, nicht doch recht hatte, wenn er meinte, eine sozialistische Gesellschaft bedürfe keines bestimmten Entwicklungsgrades der Produktivkräfte. Weitlings Ansicht deckt sich jedenfalls mit heutigen linken Technik- und Industrialismuskritikern wie Otto Ullrich oder Saral Sarkar. So stellt etwa Otto Ullrich Marx in dieser Hinsicht vom Kopf auf die Füße:

Sozialismus ist eine Frage der gesellschaftlichen Verfassung, der Verhältnisse der Menschen untereinander. Es ist nicht notwendig und, wie sich herausgestellt hat, sogar verhängnisvoll, diese Frage mit einem nicht bestimmbaren Maß der technisch-organisatorischen Entfaltung von Arbeitsgeräten zu verknüpfen. [...] *Es gibt keine untere Grenze der »Produktivkraftentfaltung«, die den Sozialismus unmöglich macht, sondern eine obere Grenze. Das Industrialisierungsniveau, das heute* [...] *erreicht worden ist, erzeugt über die Technologie eine Sozialstruktur, die ein sozialistisches Verhältnis der Menschen zueinander von der Sache her vereitelt. (Ullrich 1979, 21.102)*

Schließlich sei noch vermerkt, dass das *Manifest* auch jene bleibend gültige »Definition« einer kommunistischen Gesellschaft enthält, mit der Marx einen unüberbietbaren utopischen Horizont als Kompass angeboten hat. »An die Stelle der alten bürgerlichen Gesellschaft mit ihren Klassen und Klassengegensätzen tritt eine Assoziation, worin die freie Entwicklung eines jeden die freie Entwicklung aller ist.« (TS 191 / MEW 482)

Der berühmte Schlusssatz des *Manifests*, mit dem Karl Marx so sehr identifiziert wird, stammt übrigens gar nicht von ihm, sondern vom bereits erwähnten Karl Schapper: »Proletarier aller Länder, vereinigt euch!«

Das *Manifest* war noch nicht gedruckt, als fast überall in Europa die revolutionären Kämpfe aufflammten, die auch für Marx einen neuen Lebensabschnitt einleiteten.

DER REVOLUTIONÄR: WIEDER IN KÖLN

Nun überstürzten sich die Ereignisse und brachten die linken Kräfte in Zugzwang. In Paris flammten im Februar 1848 Barrikadenkämpfe auf, die schließlich zum Sturz der Monarchie und zur Ausrufung der Zweiten Republik führten. Der »Bürgerkönig« Louis-Philippe I. war zur Abdankung gezwungen worden. Es etablierte sich eine provisorische Regierung, der unter anderem Ferdinand Flocon und Louis Blanc angehörten. Die Todesstrafe für politische Vergehen wurde abgeschafft und ein Recht auf Arbeit garantiert. Der Arbeitstag wurde auf zehn Stunden beschränkt, man bekannte sich zum Prinzip allgemeiner Wahlen und es wurde vollkommene Presse- und Versammlungsfreiheit gewährt. Des Weiteren wurden nationale Werkstätten eingerichtet, um die Beschäftigung zu fördern.

Der *Bund der Kommunisten*, der mit einer Ausbreitung der Aufstandsbewegung auf dem Kontinent rechnete, reagierte schnell und verlegte die zentrale Leitung nach Brüssel. Karl Marx wurde zum Vorsitzenden eines neuen Leitungskomitees gewählt, dem neben Friedrich Engels auch Wilhelm Wolff, Heinrich Bauer, Joseph Moll und Karl Wallau angehörten. Karl Schapper fungierte als Sekretär. Die preußische Regierung übte nun Druck auf Belgien aus, die potenziellen Unruhestifter auszuweisen. Am 3. März teilte man Karl Marx mit, dass er binnen 48 Stunden das Land zu verlassen habe. Eine größere Geldzuwendung vonseiten seiner Mutter als Abschlagszahlung auf das väterliche Erbe hatte den Verdacht gegen ihn zusätzlich geschürt. Ohne die gesetzte Frist abzuwarten, drang die belgische Polizei in Marx' Wohnung ein, um ihn zu verhaften. Als seine Frau Jenny verlangte, zu ihrem Mann vorgelassen zu werden, wurde auch sie kurzerhand verhaftet. Am nächsten Tag mussten sie mit ihren inzwischen drei Kindern und den wenigen Habseligkeiten das Land verlassen. Ferdinand Flocon lud Marx schließlich nach Paris ein, woraufhin auch die Leitung des *Bundes der Kommunisten* in die französische Hauptstadt verlegt wurde.

Marx interessierte sich vor allem für die Vorgänge in Deutschland und versuchte, die in Paris ansässigen Arbeiter für den *Bund der Kommunisten* zu gewinnen.

Fast ganz Europa war nun im Aufruhr. Überall streikten Arbeiter für bessere Bezahlung, und die Bauern forderten eine Erleichterung der Steuerlast. In Wien kam es am 13. März zum Aufstand. In Preußen musste Friedrich Wilhelm IV. die Truppen aus Berlin verlegen. Eine Reihe deutscher Fürsten ernannte liberale Minister, stellte Presse- und Versammlungsfreiheit in Aussicht und sprach sich für eine deutsche Nationalversammlung aus. In Frankfurt konstituierte sich, getragen von der revolutionären Bewegung, ein »Parlament« mit einer liberalen Mehrheit.

Angesichts dieser Entwicklungen fasste der Dichter Georg Herwegh, bei dem Marx bei seinem ersten Aufenthalt in Paris gewohnt hatte, den Plan, aus den in Frankreich ansässigen deutschen Arbeitern eine Art Brigade, eine »demokratische Legion« von insgesamt 15 000 Mann zu formen, die in Deutschland die Aufstandsbewegung verstärken sollte. Marx wandte sich scharf gegen solches »Abenteurertum«. Er schätzte die Lage realistischer ein und ging davon aus, dass die Aufstandsbewegung in Deutschland im besten Fall in eine parlamentarische Republik münden könne und dass man erst auf dieser Grundlage geduldig im Sinne einer proletarischen Revolution arbeiten könne. Am 10. April wurde die Arbeiterbrigade aus Frankreich beim Versuch des Grenzübertritts vom badischen Großherzog vollkommen aufgerieben. Marx' Strategie war realitätstauglicher und klüger. Er forderte die dem *Bund* angehörigen Handwerker auf, mit finanzieller Unterstützung seiner Freunde in der französischen Regierung friedlich nach Deutschland zurückzukehren und dort die inzwischen gewährte Koalitionsfreiheit zu nutzen, um in möglichst vielen Städten Arbeitervereine zu gründen. Seine Vorstellung war ein landesweites Netzwerk solcher

Arbeitervereine, dessen Zentrum Mainz bilden sollte. Für seine Person aber sah er eine andere Rolle vor: Er besann sich auf seine immer noch bestehenden guten Beziehungen nach Köln und auf seine dortige Tätigkeit als Redakteur zurück. Daran wollte er nun anknüpfen und mit der Gründung der *Neuen Rheinischen Zeitung* ein wirkmächtiges Organ zur journalistischen Begleitung und Orientierung der Aufstandsbewegung schaffen. Die dabei verfolgte Taktik sollte es sein, zunächst zusammen mit liberalen bürgerlichen Kräften für eine parlamentarische Demokratie zu streiten, um dann mithilfe eines erstarkten Netzwerks der Arbeitervereine die nächste Etappe einzuleiten, die einer proletarischen Arbeiterrevolution. In Begleitung von Engels und dem Dichter Ferdinand Freiligrath begab er sich in die Rheinmetropole.

In Köln traf Marx auf den populären Führer der dortigen Linken, *Andreas Gottschalk*, der allerdings im Sinne seines großen Mentors Moses Heß und der »wahren Sozialisten«, wie Marx sie genannt hatte, ein Bündnis mit der Bourgeoisie kategorisch ablehnte und sich für eine Revolution rein proletarischen Charakters in Preußen einsetzte. Nach Marx lief dies der unterstellten Logik der Geschichte zuwider. Eine proletarische Revolution habe in dieser Situation nicht die geringste Chance. Besser sei es nun, die bürgerlichen Forderungen zu unterstützen, um sich dann zur Avantgarde der Bewegung aufzuschwingen. Mit Engels zusammen verfasste Marx unter dem Titel *Forderungen der Kommunistischen Partei in Deutschland* (MEW 5, 3–5) ein Programm, das nach seiner Vorstellung eine gemeinsame Plattform mit dem Bürgertum schaffen könnte. Gleich der erste Satz lautet: »Ganz Deutschland wird zu einer einigen, unteilbaren Republik erklärt.« Die weiteren konkret formulierten Forderungen waren allerdings kaum mit den Intentionen der Bourgeoisie vereinbar: eine progressive Besteuerung der Einkommen, kostenlose Schulen, Nationalisierung des Transportwesens und die Schaffung einer Zentralbank.

Am 18. Mai 1848 nahm das Parlament in der Frankfurter Paulskirche feierlich seine Arbeit auf. Seine Aufgabe bestand darin, eine Verfassung auszuarbeiten und eine Regierung zu bilden. Marx gelang es inzwischen, das nötige Geld für sein Zeitungsprojekt aufzutreiben. Seine verfolgte Strategie eines Bündnisses mit liberalen demokratischen Kräften erleichterte es auch, reiche Industrielle wie Ludolf Camphausen und David Justus Hansemann als Geldgeber zu gewinnen. Am 31. Mai 1848 erschien die erste Nummer der *Neuen Rheinischen Zeitung*. Inhaltlich standen zunächst die Attacken gegen die Monarchie im Vordergrund.

Anfang Juni wurde unter der Schirmherrschaft des Erzherzogs Johann von Österreich eine erste Reichsregierung gebildet. Camphausen und Hansemann, beides Anteilseigner der *Neuen Rheinischen Zeitung*, wurden zum Premierminister bzw. Finanzminister ernannt. Camphausen lud Marx zum Eintritt in sein Kabinett ein. Er lehnte jedoch ab und zögerte nicht, die Regierung in seiner Zeitung einer scharfen Kritik zu unterziehen. Tatsächlich strebte das deutsche Bürgertum den Schulterschluss mit den Großgrundbesitzern an und wandte sich im Einklang mit dem preußischen Staat gegen den politischen Liberalismus. Die Regierung wurde vom preußischen König nicht anerkannt, und auch Österreich weigerte sich, seine Souveränität aufzugeben.

Marx musste schließlich zur Kenntnis nehmen, dass seine Strategie eines Bündnisses mit den liberalen Demokraten zum Scheitern verurteilt war. Was er zuvor in der Auseinandersetzung mit Andreas Gottschalk so vehement abgelehnt hatte, wurde nun seine eigene Überzeugung: Es galt, dem Kapital selbst den Kampf anzusagen. Zum ersten Mal formuliert er am 14. September in der *Neuen Rheinischen Zeitung* das Konzept, das er später mehrmals wieder aufgreifen wird und das im Lauf der Zeit so verhängnisvollen Missverständnissen unterlag: die *Diktatur des Proletariats*. Marx schreibt:

Jeder provisorische Staatszustand nach einer Revolution erfordert eine Diktatur, und zwar eine energische Diktatur. Wir haben es Camphausen von Anfang an vorgeworfen, dass er nicht diktatorisch auftrat, dass er die Überbleibsel der alten Institutionen nicht sogleich zerschlug und entfernte. Während also Herr Camphausen sich in konstitutionellen Träumereien wiegte, verstärkte die geschlagene Partei die Positionen in der Bürokratie und in der Armee, ja, wagte hier und da selbst den offenen Kampf. (MEW 5, 402)

Die liberalen Anteilseigner der *Neuen Rheinischen Zeitung* zogen sich angesichts solcher Angriffe natürlich aus dem Projekt zurück.

Regierung und Nationalversammlung erwiesen sich letztlich als machtlos gegenüber der Monarchie. Am 19. September flammten im ganzen Land Aufstände auf, um der Hoffnung auf Demokratie Nachdruck zu verleihen. Unmittelbarer Anlass war der Waffenstillstand mit den Dänen, nachdem sich die deutschen Bewohner in den nördlichen Provinzen Schleswig und Holstein erhoben hatten. Die liberale preußische Regierung hatte den Aufstand zunächst unterstützt, gab aber dann dem Druck des russischen Zaren nach, was die Angst vor der Rückkehr der Konservativen allenthalben schürte. Insbesondere Frankfurt war Zentrum der Erhebungen. Friedrich Engels, der in Berlin eine militärische Ausbildung genossen hatte und zeit seines Lebens ein leidenschaftlicher Militärstratege blieb, gibt in der *Neuen Rheinischen Zeitung* einen Eindruck davon:

Der blutigste Aufstand ist in Frankfurt losgebrochen; die Ehre Deutschlands, von der Nationalversammlung an ein mit Schimpf und Schande abgedanktes preußisches Ministerium verraten, wird von den Arbeitern Frankfurts, Offenbachs und Hanaus, von den Bauern der Umgegend mit dem Leben verteidigt. Noch schwankt der Kampf. Die Soldaten scheinen bis gestern Abend wenig Fortschritte

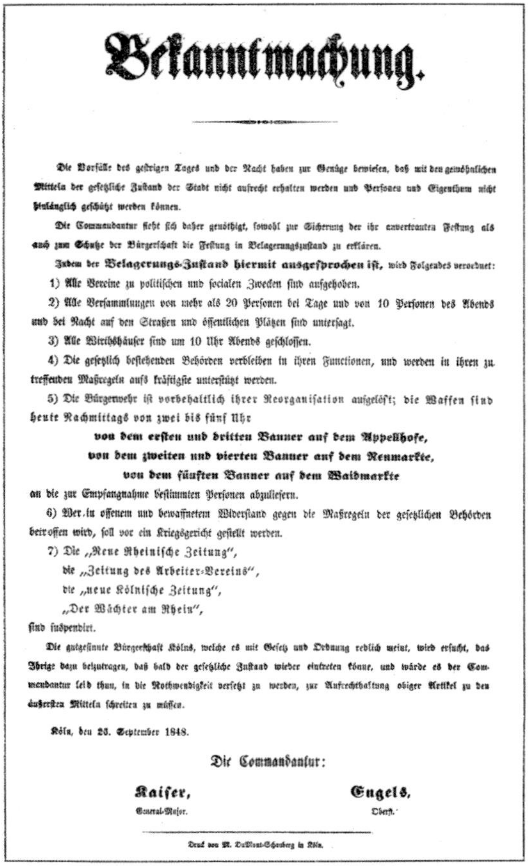
Bekanntmachung.

Die Vorfälle des gestrigen Tages und der Nacht haben zur Genüge bewiesen, daß mit den gewöhnlichen Mitteln der gesetzliche Zustand der Stadt nicht aufrecht erhalten werden und Personen und Eigenthum nicht hinlänglich geschützt werden können.

Die Commandantur sieht sich daher genöthigt, sowohl zur Sicherung der ihr anvertrauten Festung als auch zum Schutze der Bürgerschaft die Festung in Belagerungszustand zu erklären.

Indem der **Belagerungs-Zustand hiermit ausgesprochen ist,** wird Folgendes verordnet:

1) Alle Vereine zu politischen und socialen Zwecken sind aufgehoben.

2) Alle Versammlungen von mehr als 20 Personen bei Tage und von 10 Personen des Abends und bei Nacht auf den Straßen und öffentlichen Plätzen sind untersagt.

3) Alle Wirthshäuser sind um 10 Uhr Abends geschlossen.

4) Die gesetzlich bestehenden Behörden verbleiben in ihren Functionen, und werden in ihren zu treffenden Maßregeln aufs kräftigste unterstützt werden.

5) Die Bürgerwehr ist vorbehaltlich ihrer Reorganisation aufgelöst; die Waffen sind heute Nachmittags von zwei bis fünf Uhr

von dem ersten und dritten Banner auf dem Appellhofe,
von dem zweiten und vierten Banner auf dem Neumarkte,
von dem fünften Banner auf dem Waidmarkte

an die zur Empfangnahme bestimmten Personen abzuliefern.

6) Wer in offenem und bewaffnetem Widerstand gegen die Maßregeln der gesetzlichen Behörden betroffen wird, soll vor ein Kriegsgericht gestellt werden.

7) Die „Neue Rheinische Zeitung“,
die „Zeitung des Arbeiter-Vereins“,
die „neue Kölnische Zeitung“,
„Der Wächter am Rhein“,
sind suspendirt.

Die gutgesinnte Bürgerschaft Kölns, welche es mit Gesetz und Ordnung redlich meint, wird ersucht, das Ihrige dazu beizutragen, daß bald der gesetzliche Zustand wieder eintreten könne, und würde es der Commandantur leid thun, in die Nothwendigkeit versetzt zu werden, zur Aufrechthaltung obiger Artikel zu den äußersten Mitteln schreiten zu müssen.

Köln, den 26. September 1848.

Die Commandantur:

Kaiser, General-Major.

Engels, Oberst.

Druck von M. DuMont-Schauberg in Köln.

367. Amtliche Bekanntmachung des über Köln verhängten Belagerungszustandes

Bekanntmachung der Verhängung des Kriegsrechts in Köln und unter anderem des Verbots der *Neuen Rheinischen Zeitung*

gemacht zu haben. […] Das meist waffenlose Volk hat zu kämpfen nicht nur gegen die von der Bourgeoisie übernommene Macht des organisierten Beamten- und Militärstaats, es hat auch zu kämpfen gegen die bewaffnete Bourgeoisie selbst. Dem nicht organisierten und schlecht bewaffneten Volk stehen sämtliche übrigen Klassen der Gesellschaft wohlorganisiert gegenüber. Und daher kommt es, dass bisher das Volk erlegen ist, dass es erliegen wird, bis seine Gegner – sei es durch Beschäftigung der Truppen im Krieg, sei es durch eine Spaltung unter sich – geschwächt werden oder bis irgendein großes Ereignis das Volk zu einem verzweifelten Kampfe treibt und seine Gegner demoralisiert. (MEW 5, 410.412)

Engels taucht danach unter. Je mehr die Bourgeoisie der Reaktion das Feld überlässt, umso mehr verhärtet sich Marx' Position. Am 25. September 1848 wird in Köln das Kriegsrecht verhängt und die *Neue Rheinische Zeitung* verboten. Sie kann erst wieder am 12. Oktober erscheinen. Während sich Engels in der Schweiz aufhält, führt Marx den journalistischen Kampf weiter. Die Krise spitzt sich zu, und Marx gerät persönlich in Bedrängnis: Friedrich Wilhelm IV. hatte die in Berlin tagende Nationalversammlung durch Truppen auflösen lassen. Die Abgeordneten konnten gerade noch einen Aufruf an die Bürger Preußens lancieren, auf diesen Willkürakt mit einem Steuerboykott zu reagieren, bis die gewählten Volksvertreter wieder in Freiheit zusammentreten könnten. Endlich hatte sich die verfassunggebende Versammlung zu diesem revolutionären Akt aufgerafft, den Marx nun nach Kräften unterstützte. Er rief nicht nur in der *Neuen Rheinischen Zeitung* zur Unterstützung dieses Steuerboykotts auf, sondern nutzte auch seine Position in der Leitung des *Bundes demokratischer Vereine* zur Organisation des Boykotts und forderte zum bewaffneten Widerstand auf. Die Bewegung gewann großen Rückhalt unter den Demokraten und in der Bevölkerung allgemein, bis sie schließlich zum Jahresende zusammenbrach. Marx war nun der Überzeugung, dass ihm eine Verurteilung zum Tod bevorstünde. Er wurde wegen Anstiftung zum Aufstand und Widerstand gegen die Staatsgewalt angeklagt und im Februar 1849 vor Gericht gestellt. Der Prozess gestaltete sich jedoch wider Erwarten zu einem außerordentlichen Triumph für Marx. Er übernahm seine Verteidigung selbst. Mit einem Exemplar des *Code civil* in der Hand – im einst unter Napoleons Herrschaft stehenden Rheinland immer noch äußerst populär – begründete er den Geschworenen gegenüber die Rechtmäßigkeit seines Handelns, das darin bestanden habe, ein gewähltes Parlament zu verteidigen. Er ließ es sich bei dieser Gelegenheit auch nicht nehmen, die Geschworenen, gestützt auf das

Kommunistische Manifest, über die Zusammenhänge von Wirtschafts- und Gesellschaftsordnung zu belehren. Das Ergebnis war ein glatter Freispruch, vielleicht auch darauf zurückzuführen, dass die Geschworenen allesamt zu Kölns führenden Steuerzahlern zählten.

Inzwischen wurde der letzte Akt der 1848er-Erhebung eingeleitet. Am 28. März trug die Nationalversammlung in Frankfurt dem preußischen König Friedrich Wilhelm IV. die deutsche Kaiserwürde an und verabschiedete eine Verfassung. Diese wurde von 28 der 30 deutschen Staaten anerkannt. Der österreichische Kaiser protestierte jedoch gegen diese Beschneidung seiner Macht, und der Preußenkönig lehnte eine »auf der Straße zusammengeklaubte« Krone ebenso ab wie die Verfassung. Der nach Ausscheiden der Liberalen verbliebene Rest des Parlaments verlegt seinen Sitz schließlich nach Stuttgart, wo es von der württembergischen Armee kassiert wurde. Für Marx war diese Anbiederung des Parlaments an die Obrigkeit unerträglich. In Deutschland kam es allenthalben zu radikaldemokratischen Erhebungen für die Verfassung, nicht nur zu einer breiten Protestbewegung, sondern auch zu bewaffneten Kämpfen. Engels schloss sich den aufständischen Truppen in Baden und in der Pfalz an. Er wird darüber später in seiner Schrift *Die deutsche Reichsverfassungskampagne* (MEW 7, 109–197) ausführlich Rechenschaft geben. Nicht ohne Reiz ist es bis heute, seine plastische Beschreibung des eigentümlichen Pfälzer Volkscharakters zu lesen, die durchaus auch einen Eindruck von der volkstümlich-heiteren Aufbruchstimmung jener Tage vermittelt:

Wer die Pfalz nur einmal gesehen hat, begreift, dass eine Bewegung in diesem weinreichen und weinseligen Lande einen höchst heitern Charakter annehmen musste. Man hatte sich endlich einmal die schwerfälligen, pedantischen altbayrischen Bierseelen vom Halse geschafft und an ihre Stelle fidele pfälzische Schoppenstecher zu Beamten ernannt. Man war endlich jene tiefsinnig tuende bayrische Polizeischikane los, die in den sonst so ledernen »Fliegenden Blättern« ergötzlich genug persifliert wurde und die dem flotten Pfälzer schwerer auf dem Herzen lag als irgendetwas anderes. Die Herstellung der Kneipenfreiheit war der erste revolutionäre Akt des pfälzischen Volks: Die ganze Pfalz verwandelte sich in eine große Schenke, und die Massen geistigen Trankes, die »im Namen des pfälzischen Volks« während dieser sechs Wochen verzehrt wurden, übersteigen alle Berechnung. Obwohl in der Pfalz die aktive Teilnahme an der Bewegung lange nicht so groß war wie in Baden, obwohl es hier viele reaktionäre Bezirke gab, war doch die ganze Bevölkerung einstimmig in dieser allgemeinen Schoppenstecherei, wurde selbst der reaktionärste Spießbürger und Bauer hineingerissen in die allgemeine Heiterkeit. (MEW 7, 146–147)

Obwohl die *Neue Rheinische Zeitung* finanziell am Abgrund stand, wandte Marx einen guten Teil des Restes seines väterlichen Erbes auf, damit sich seine kämpfenden Freunde bewaffnen könnten. Joseph Moll, der treue Gefährte im *Bund der Kommunisten*, verlor im Zuge der Kämpfe sein Leben.

Am 16. Mai erhielt Marx die Order, als »unerwünschter Ausländer« – er hatte im Sommer 1848 vergeblich um die Wiedererlangung der preußischen Staatsbürgerschaft angesucht – das Land zu verlassen, mit der Begründung, er habe auf schändliche Weise das Gastrecht missbraucht. Am 18. Mai erschien die letzte Nummer der *Neuen Rheinischen Zeitung*. Auf der ersten Seite prangte das Abschiedsgedicht von Ferdinand Freiligrath, der inzwischen nach London geflüchtet war:

Nun ade, nun ade, du kämpfende Welt,
Nun ade, ihr ringenden Heere!
Nun ade, du pulvergeschwärztes Feld,
Nun ade, ihr Schwerter und Speere!

Nun ade – doch nicht für immer ade!
Denn sie töten den Geist nicht, ihr Brüder!
Bald richt' ich mich rasselnd in die Höh',
Bald kehr ich riesiger wieder!
Wenn die letzte Krone wie Glas zerbricht,
In des Kampfes Wettern und Flammen,
Wenn das Volk sein letztes »Schuldig!« spricht,
Dann steh'n wir wieder zusammen!
Mit dem Wort, mit dem Schwert, an der Donau, am Rhein
–
Eine allzeit treue Gesellin
Wird dem Throne zerschmetternden Volke sein
Die Geächtete, die Rebellin!

Diese letzte Nummer erreichte eine Auflage von 20 000 Exemplaren!

Titelseite der letzten Nummer der *Neuen Rheinischen Zeitung*

Neue

Rheinische Zeitung

Organ der Demokratie.

№ 301. Köln, Samstag, den 19. Mai. 1849.

Abschiedswort der Neuen Rheinischen Zeitung.

Kein offner Hieb in offner Schlacht
Es fällen die Nücken und Tücken,
Es fällt mich die schleichende Niedertracht
Der schmutzigen West-Kalmücken!
Aus dem Dunkel flog der tödtende Schaft,
Aus dem Hinterhalt fielen die Streiche –
Und so lieg' ich nun da in meiner Kraft,
Eine stolze Rebellenleiche!

Auf der Lippe den Trotz und den zuckenden Hohn
In der Hand den blitzenden Degen,
Noch im Sterben rufend: „Die Rebellion!" –
So bin ich mit Ehren erlegen.
O, gern wohl bestreuten mein Grab mit Salz
Der Preuße zusammt dem Czare –
Doch es schicken die Ungarn, es schickt die Pfalz
Drei Salven mir über die Bahre!

Und der arme Mann im zerriß'nen Gewand,
Er wirft auf mein Haupt die Schollen;
Er wirft sie hinab mit der fleißigen Hand,
Mit der harten, der schwielenvollen.
Einen Kranz auch bringt er aus Blumen und Mai'n,
Zu ruh'n auf meinen Wunden;
Den haben sein Weib und sein Töchterlein
Nach der Arbeit für mich gewunden.

Nun Ade, nun Ade, du kämpfende Welt,
Nun Ade, ihr ringenden Heere!
Nun Ade, du pulvergeschwärztes Feld,
Nun Ade, ihr Schwerter und Speere!
Nun Ade – doch nicht für immer Ade!
Denn sie tödten den Geist nicht, ihr Bruder!
Bald richt' ich mich rasselnd in die Höh',
Bald kehr' ich reisiger wieder!

Wenn die letzte Krone wie Glas zerbricht,
In des Kampfes Wettern und Flammen,
Wenn das Volk sein letztes „Schuldig!" spricht,
Dann stehn wir wieder zusammen!
Mit dem Wort, mit dem Schwert, an der Donau, am Rhein, –
Eine allzeit treue Gesellin
Wird dem Throne zerschmetternden Volke sein
Die Geächtete, die Rebellin!

F. FREILIGRATH.

An die Arbeiter Kölns.

Wir warnen Euch schließlich vor jedem Putsch in Köln. Nach der militärischen Lage Kölns wäret ihr rettungslos verloren. Ihr habt in Elberfeld gesehen, wie die Bourgeoisie die Arbeiter ins Feuer schickt und sie hinterher aufs Niederträchtigste verräth. Der Belagerungszustand in Köln würde die ganze Rheinprovinz demoralisiren und der Belagerungszustand wäre die nothwendige Folge jeder Erhebung von Eurer Seite in diesem Augenblicke. Die Preußen werden an Eurer Ruhe verzweifeln.

Die Redakteure der Neuen Rheinischen Zeitung danken Euch beim Abschiede für die ihnen bewiesene Theilnahme. Ihr letztes Wort wird überall und immer sein: Emancipation der arbeitenden Klasse!

Die Redaktion der Neuen Rhein. Zeitung.

Karl Marx machte sich nun auf den Weg, über Frankfurt, Mannheim, Ludwigshafen, Karlsruhe, Speyer und Kaiserslautern. Anscheinend hielt er sich auch längere Zeit in Bingen auf, offenbar, um von hessischem Territorium aus, außerhalb der Reichweite der preußischen Regierung, einen Neustart der *Neuen Rheinischen Zeitung* zu versuchen. Noch einmal wird er auf seiner Odyssee durch Deutschland verhaftet, bis er schließlich nach Hamburg gelangt, wo er einen Pass erhält, der ausschließlich für Paris Gültigkeit besitzt. Noch einmal also kommt er am 3. Juni 1849 in die französische Hauptstadt, die gerade von einer Cholera-Epidemie heimgesucht wird. Auch die politische Atmosphäre ist alles andere als ermutigend. Präsident Louis-Napoléon Bonaparte, dessen Herrschaft Marx später eine seiner brillantesten Schriften widmen sollte, hatte ein Expeditionscorps nach Italien geschickt, um den Papst im Kampf gegen die Republikaner zu unterstützen. Die Forderung wird erhoben, ihn der Verletzung der Verfassung anzuklagen, da die französische Republik niemals ihre Streitkräfte gegen die Freiheit irgendeines Volkes einsetzen dürfe. Eine Protestkundgebung am 13. Juni schlägt fehl, woraufhin die Versammlungsfreiheit für ein Jahr außer Kraft gesetzt und die Pressefreiheit aufgehoben wird. Das bedeutet für Marx aber auch, dass alle Zeitungen, für die er als Mitarbeiter infrage gekommen wäre, ihren Betrieb einstellten. Am 19. Juli erhält Marx eine Aufenthaltsgenehmigung für die Bretagne. Anstatt von dieser Möglichkeit Gebrauch zu machen, schifft er sich am 27. August nach England ein, wohl auch in Erinnerung an seinen Aufenthalt im Jahr 1845 zusammen mit Friedrich Engels. Er spricht nur unzulänglich Englisch. Er verfügt über keine finanziellen Mittel mehr. Um die Gläubiger der *Neuen Rheinischen Zeitung* zu bezahlen, hat er alles, was er besaß, zu Geld gemacht. Immer noch wartet er auf Nachricht von seiner Frau und seinen drei Kindern – und von seinem Freund Friedrich Engels.

IM EXIL: LONDON

Ende August 1849 traf Marx schließlich in London ein, der Hauptstadt des am meisten entwickelten kapitalistischen Landes der Welt und zugleich des British Empire, der weltweit wichtigsten Kolonialmacht. Mit seinen damals 2,4 Millionen Einwohnern die bevölkerungsreichste Stadt der Welt, verkörperte London anschaulich die Widersprüche des Kapitalismus des 19. Jahrhunderts. Die luxuriöseste Metropole war zugleich eine wahre Hölle für die Armen. In den Arbeitervierteln gab es gerade einmal eine einzige Toilette für 125 Bewohner. Mehr als die Hälfte der Kinder starb vor Vollendung des fünften Lebensjahres. Auch für Marx selbst sollten die ersten Jahre in London von Armut und ständigen Geldsorgen geprägt sein.

Die zweite, äußerst bescheidene, Wohnung der Familie Marx, im Londoner Arbeiterstadtteil Soho

Politisch war England weit weniger autoritär als die meisten Länder des Kontinents. Zwei große politische Parteien gingen aus dem Schoß der Bourgeoisie hervor: die liberalen *Whigs* und die konservativen *Tories*. Das Wahlrecht wird zwar nach und nach auf breitere Bevölkerungsschichten ausgedehnt, die Frauen und die Armen bleiben aber davon ausgeschlossen. Innerhalb der Arbeiterschaft war die Chartistenbewegung, auf die Marx so viel Hoffnung gesetzt hatte, der Gewerkschaftsbewegung gewichen, die einen deutlich reformistischen Kurs einschlug. Immerhin konnten sie zwei wichtige Erfolge vorweisen: Sie setzten das Ende der Arbeitswoche am Samstag um 14.00 Uhr sowie die Kontrolle der Arbeitsbedingungen durch vom Staat bestellte Inspekteure durch. Dennoch blieben die Zustände unerträglich. Die durchschnittliche Wochenarbeitszeit etwa betrug damals 64 Stunden.

Am 17. September traf die erschöpfte und kranke Jenny zusammen mit Helene Demuth und den drei Kindern – Jenny, Edgar und Laura – von Trier kommend in London ein. Sie bezogen zunächst ein äußerst bescheidenes Domizil im Stadtteil Chelsea, Anderson Street 4. Zu sechst wohnten sie in nur einem Zimmer des Hauses. Im Mai 1850 wurden sie vor die Tür gesetzt, weil sie die Miete nicht mehr bezahlen konnten. Nachdem Engels die Schulden der Familie Marx beglichen hatte, fanden sie eine neue Heimstadt im berüchtigten Stadtviertel Soho, Dean Street. Die Gegend war geprägt von einer starken Präsenz der Migranten. Erst viel später, als Marx durch seine Korrespondententätigkeit für die *New-York Daily Tribune* ein einigermaßen regelmäßiges und verhältnismäßig gutes Einkommen erzielte, konnte die Familie in den Londoner Norden umziehen (zuletzt in ein Haus in der Maitland Park Road, wo Marx bis zu seinem Tod leben sollte) und einen »bürgerlichen« Lebensstandard genießen, wobei die finanzielle Situation trotz allem stets prekär blieb. Jenny Marx hatte alle Hände voll zu tun,

Gläubiger abzuwehren und – meist ohne Wissen ihres Mannes – Bettelbriefe zu schreiben. Sie suchte sogar die holländischen Angehörigen von Marx' Mutter Henriette auf, namentlich Lion Philips, den Gründer des gleichnamigen Konzerns. Vergeblich: Den gottlosen Kommunisten wollte man nicht finanzieren.

Nicht nur die ständigen Geldsorgen plagten die Familie Marx in den ersten Londoner Jahren. Sie hatten vor allem den Tod mehrerer Kinder zu verkraften. Guido Heinrich und Franziska starben noch im Säuglingsalter. Am härtesten aber traf sie der Tod des kleinen Edgar, zärtlich »Musch« genannt, im Alter von acht Jahren. Dem Ehepaar blieben schließlich die drei Töchter Jenny, Laura und Eleanor. Marx setzte alles daran, ihnen trotz seiner finanziellen Notlage eine möglichst gute Schulbildung zu ermöglichen. Seine Tochter Eleanor schildert Marx auch als hingebungsvollen und humorvollen Familienvater.
Inzwischen war auch Friedrich Engels aus der Schweiz in England eingetroffen, und zwar über einen recht komplizierten Umweg, da auch er französisches Territorium nicht betreten durfte. Er war nach Genua gereist, um sich dort nach England einzuschiffen. Da Friedrich Engels obendrein die Rückkehr nach Preußen verwehrt war, wollte sein Vater, dass er in England (Manchester) die Geschäfte übernehme. Engels lehnt zunächst ab. Die regelmäßigen Geldzuwendungen seiner Eltern aber ermöglichen es ihm, auch seinen Freund Karl Marx zu unterstützen. Aber auch darüber hinaus pflegt er einen herzlichen Umgang mit der Familie Marx. Marx' späterer Schwiegersohn Paul Lafargue sollte berichten, dass Marx' Töchter Engels gar als ihren zweiten Vater empfunden hätten.

Engels signalisierte seinem Vater schließlich doch, dass er bereit sei, die Geschäfte in Manchester zu übernehmen. Im Zuge der Prüfung der Geschäftsbücher stellte er fest, dass die Geschäftspartner seines Vaters, die Gebrüder Ermen, die Firma systematisch betrogen hatten. So wurde

Friedrich Engels wurde von den Marxens als Familienmitglied empfunden; hier mit Karl Marx, dessen Frau Jenny sowie den Töchtern »Jennychen« und Laura

Friedrich Engels bald unverzichtbar für seinen Vater, was ihm nicht zuletzt ein üppiges Einkommen bescherte, und wovon auch Marx bis zu seinem Lebensende profitieren sollte. Immer wieder war es sein Freund Engels, der ihm aus einer finanziellen Verlegenheit heraushalf. Trotz allem aber hatte er sich nicht zum Kapitalismus bekehrt, sondern blieb, wie Marx es ausdrückte, »der alte Fritz«.

Ein besonderer »Freundschaftsdienst« für Karl Marx soll hier nicht unerwähnt bleiben: Die Haushälterin der Familie Marx, Helene Demuth, wurde schwanger und

Helene Demuth, die treue Haushälterin und Mutter des Sohnes von Karl Marx, für den Engels die Vaterschaft übernahm

gebar im Sommer 1851 einen Sohn, Henry Frederick. Auf der Geburtsurkunde fehlte zunächst der Name des Vaters, bis sich schließlich Friedrich Engels zur Vaterschaft bekannte. Wie wir heute wissen, tat er dies auf Bitten des wahren Vaters, Karl Marx, der seine Ehe nicht gefährden wollte. Viele Marx-Verehrer hegten Zweifel daran. Heute jedoch lässt sich nachweisen, dass sich Engels zur Zeit, die für die Zeugung infrage kommt, nicht in London aufgehalten hat. Auf seinem Totenbett gestand er ein, dass Marx der Vater von Henry Frederick sei.

Marx hatte bald eingesehen, dass sein Aufenthalt in London nicht vorübergehender Natur sein könne. Er setzt alles daran, sein Englisch zu verbessern, und er verschlingt englischsprachige Literatur. Die Werke Shakespeares liest er nun im Original, darüber hinaus aber auch diverse zeitgenössische Autoren. Jenny war zweisprachig aufgewachsen, da ihre Mutter aus Schottland stammte, und so beschloss man, das Englische auch als häusliche Umgangssprache zu pflegen.

Die finanzielle Situation verbesserte sich für Marx schlagartig, als er das Angebot bekam, als London-Korrespondent für die damals wichtigste Tageszeitung der Welt (die Auflage betrug 200 000 Exemplare), die *New-York Daily Tribune*, zu schreiben. Bereits während seines Paris-Aufenthaltes im Jahr 1848 (nach seiner Ausweisung aus Belgien und bevor er nach Köln ging) hatte er den amerikanischen Journalisten Charles Dana kennengelernt, der damals für die Zeitung arbeitete. Die beiden Männer empfanden Sympathie füreinander und vereinbarten ein Wiedersehen. Das legte den Grundstein für Marx' Korrespondententätigkeit. Im August 1852 erscheint sein erster Artikel, und von nun an schreibt er brillante Analysen über eine breite Palette von Themen: über das politische Leben in England, den Chartismus und die Streikbewegung, über Spanien, Russland, Indien, China und Algerien; etwa 500 dieser Artikel sind uns erhalten.

Was die private Situation Karl Marx' betrifft, so darf eine bekannte Episode hier nicht unerwähnt bleiben, die allerdings nicht sicher verbürgt ist: Im Herbst 1862 bewarb sich Marx um eine feste Anstellung. Offenbar hatte ihm sein holländischer Vetter Augustin Philips diese Chance auf eine Anstellung bei der Londoner Eisenbahngesellschaft vermittelt. Die Sache soll dann an Marx' unleserlicher Handschrift gescheitert sein!

Karl Marx
während seiner
Londoner Jahre

Unmittelbar nach seiner Ankunft in London nahm Marx aber auch sofort seine politischen Aktivitäten auf. Er gründete ein Flüchtlingskomitee, das Geldmittel zur Unterstützung von in England ankommenden Flüchtlingen sammeln sollte. Vor allem aber verfolgte er zwei Projekte: die Neugründung der *Neuen Rheinischen Zeitung* von London aus und die Reaktivierung des *Bundes der Kommunisten*. Trotz erheblicher Schwierigkeiten, die nötigen finanziellen Mittel zu akquirieren, gelang es Marx, zwischen Januar und Oktober 1850 insgesamt vier Nummern der *Neuen Rheinischen Zeitung: Politisch-ökonomische Revue* herauszubringen. Das ursprüngliche Projekt war erheblich abgespeckt worden und sollte sich nun auf eine Monatszeitschrift beschränken. Neben der Finanzierung des Drucks stellte sich auch der Vertrieb in Deutschland als äußerst kompliziert heraus. Inhaltlich interessant ist vor allem eine Folge von Artikeln, die später in der Schrift *Die Klassenkämpfe in Frankreich 1848 bis 1850* zusammengefasst wurden. Sie stellen ein wichtiges Dokument für Marx' Reflexion der Revolutionsjahre und die politischen Lehren, die er daraus zog, dar. Er greift darin vor allem einen Begriff auf, den er bereits in der *Neuen Rheinischen Zeitung* am 14. September 1848 gebraucht hat, den der *Diktatur des Proletariats*: Er unterscheidet den *revolutionären Sozialismus* von einem *utopischen doktrinären* und präzisiert nun:

Dieser Sozialismus ist die Permanenzerklärung der Revolution, die Klassendiktatur des Proletariats als notwendiger Durchgangspunkt zur Abschaffung der Klassenunterschiede überhaupt, zur Abschaffung sämtlicher Produktionsverhältnisse, worauf sie beruhen, zur Abschaffung sämtlicher gesellschaftlicher Beziehungen, die diesen Produktionsverhältnissen entsprechen, zur Umwälzung sämtlicher Ideen, die aus diesen gesellschaftlichen Beziehungen hervorgehen. (MEW 7, 89–90)

Wohl kaum ein Marx'scher Terminus ist so sehr missverstanden bzw. bewusst missbraucht worden wie dieser. Marx wird noch mehrmals in seinem späteren Werk auf den Sachverhalt bzw. den Ausdruck selbst zurückkommen, zum letzten Mal in seiner Schrift *Zur Kritik des Gothaer Programms*. Zunächst geht es Marx lediglich um die Frage, wie in einer akuten revolutionären Situation die Bevölkerungsmehrheit ein reaktionäres Rollback verhindern kann! Aus diesem für die akute Situation gedachten Konzept die Legitimation eines totalitären Apparats, einer proletarischen Partei u. ä. zu machen, ist im Anschluss an Marx nicht legitim. Und: Der Ausdruck ist insofern höchst missverständlich, weil er mit dem, was wir heute landläufig unter »Diktatur« verstehen, wenig zu tun hat. Keineswegs geht es etwa um die Aufhebung individueller Freiheitsrechte, um Einschränkung der Pressefreiheit oder Ähnliches. Nimmt man alle verstreuten diesbezüglichen Bemerkungen Marx' zusammen, so ergeben sich zwei Grundelemente dieser »Diktatur«: die Abschaffung des stehenden Heeres und die Abschaffung der politischen Funktion der Polizei! Marx hat, was die Vorstellung vom Übergang in die sozialistische Gesellschaft betrifft, durchaus Lernprozesse durchgemacht. Während er im *Achtzehnten Brumaire* offensichtlich noch meint, dass der bestehende Staatsapparat mit seinen Institutionen einfach übernommen werden könne, geht er nach den Erfahrungen der Pariser *Commune* offensichtlich davon aus, dass diese Institutionen selbst in einem »basisdemokratischen« Sinne (Delegation der Macht von unten nach oben) radikal verändert werden müssten. Innerhalb der sich auf Marx berufenden Tradition wird der Begriff »Diktatur des Proletariats« eine recht wechselvolle Geschichte der Interpretation und der missbräuchlichen Benutzung erfahren. Erinnert sei hier lediglich an Rosa Luxemburgs Auseinandersetzung mit Lenin, in der sie mit Nachdruck darauf beharrte, dass der *Inhalt* der Diktatur des Proletariats nichts anderes sein könne als *Demokratie im emphatischen Sinne*.

Wie sehr Marx aufgrund der Erfahrungen von 1848/49 seine eigene revolutionäre Strategie geändert hat, bezeugt vor allem seine berühmte *Märzansprache* an den *Bund der Kommunisten*. Im Gegensatz zu seiner Anfang 1848 vertretenen Position, zunächst sei eine Allianz mit den demokratisch-liberalen Kräften zu schmieden, betont er nun dezidiert die Notwendigkeit, dass die Arbeiter sich unabhängig von den Demokraten organisieren müssen:

Es versteht sich, dass bei den bevorstehenden blutigen Konflikten, wie bei allen früheren, die Arbeiter durch ihren Mut, ihre Entschiedenheit und Aufopferung hauptsächlich den Sieg werden zu erkämpfen haben. Wie bisher werden auch in diesem Kampfe die Kleinbürger in Masse sich solange wie möglich zaudernd, unschlüssig und untätig verhalten, um dann, sobald der Sieg entschieden ist, ihn für sich in Beschlag zu nehmen, die Arbeiter zur Ruhe und Heimkehr an ihre Arbeit aufzufordern, sogenannte Exzesse zu verhüten und das Proletariat von den Früchten des Sieges auszuschließen. Es liegt nicht in der Macht der Arbeiter, den kleinbürgerlichen Demokraten dies zu verwehren, aber es liegt in ihrer Macht, ihnen das Aufkommen gegenüber dem bewaffneten Proletariat zu erschweren und ihnen solche Bedingungen zu diktieren, dass die Herrschaft der bürgerlichen Demokraten von vornherein den Keim des Untergangs in sich trägt und ihre spätere Verdrängung durch die Herrschaft des Proletariats bedeutend erleichtert wird. […] *Sie müssen Garantien für die Arbeiter verlangen, sobald die demokratischen Bürger sich anschicken, die Regierung in die Hand zu nehmen.* […] *Sie dürfen sich hierbei nicht durch die Redensarten der Demokraten bestechen lassen, wie z. B., dadurch spalte man die demokratische Partei und gebe der Reaktion die Möglichkeit zum Siege. Bei allen solchen Phrasen kommt es schließlich darauf an, dass das Proletariat geprellt werden soll. Die Fortschritte, die die proletarische Partei durch ein solches unabhängiges Auftreten machen muss, sind unendlich wichtiger als der Nachteil, den die Gegenwart einiger Reaktionäre in der Vertretung erzeugen könnte.* (MEW 7, 249–251)

Zum ersten Mal plädiert Marx in dieser Rede dafür, der Arbeiterklasse eine eigene *Parteistruktur* zu geben!

Statt sich abermals dazu herabzulassen, den bürgerlichen Demokraten als beifallklatschender Chor zu dienen, müssen die Arbeiter, vor allem der Bund, dahin wirken, neben den offiziellen Demokraten eine selbstständige geheime und öffentliche Organisation der Arbeiterpartei herzustellen und jede Gemeinde zum Mittelpunkt und Kern von Arbeitervereinen zu machen […]. (MEW 7, 248–249)

Überall offene Parteistrukturen zu schaffen, die die Arbeiter repräsentieren, und so die Spielräume, die der jeweilige Grad der Demokratisierung bietet, offensiv zu nutzen, war nun die von Marx empfohlene Strategie.

Angesichts der vorläufigen Niederlage in den Revolutionsjahren 1848/49 versuchte Marx, den *Bund der Kommunisten* hinter der Parole »Revolution in Permanenz« neu zu sammeln und zu beleben. Doch die bestehenden Spannungen und persönlichen Rivalitäten spitzten sich zu. August Willich und Karl Schapper waren es vor allem, die auf Konfrontationskurs zu Marx und Engels gingen. Die beiden Ersteren wussten allerdings die Mehrheit der Londoner kommunistischen Handwerker hinter sich. Den Höhepunkt erreichten die Differenzen bei einer dramatischen Sitzung am 15. September 1850. Worum es unabhängig von den persönlichen Animositäten bei diesem Konflikt in der Sache ging, zeigt die protokollierte Rede von Karl Marx auf der besagten Sitzung, die Karl Mehring in seiner Biografie wiedergibt:

An die Stelle der kritischen Auseinandersetzung setzt die Minorität eine dogmatische, an die Stelle der materialistischen eine idealistische. Statt der wirklichen Verhältnisse wird ihr bloß der Wille zum Triebrad der Revolution. Während wir den Arbeitern sagen: Ihr habt 15, 20, 50 Jahre Bürgerkriege und Kämpfe durchzumachen, nicht nur um die Verhältnisse zu ändern, sondern um euch selbst zu ändern und zur politischen Herrschaft zu befähigen, sagt ihr im Gegenteil: Wir müssen gleich zur Herrschaft kommen oder wir können uns schlafen legen! Während wir speziell die deutschen Arbeiter auf die unterentwickelte Gestalt des deutschen Proletariats hinweisen, schmeichelt ihr aufs Plumpste dem Nationalgefühl und dem Standesvorurteil der deutschen Handwerker, was allerdings populärer ist. Wie von den Demokraten das Wort Volk zu einem heiligen Wesen gemacht wird, so von euch das Wort Proletariat. (Mehring 2001, 238)

Es kam zur Spaltung des Bundes. Marx und Engels gelang zunächst die Verlegung des Vorstandsvorsitzes nach Köln, wo sie über eine starke Anhängerschaft verfügten. Willich und Schapper beantworteten diesen Schritt mit der Gründung eines eigenen Bundes, gestützt auf die Mehrheit der in London lebenden kommunistischen Handwerker, und sie schlossen Marx und Engels ausdrücklich aus.

Die Kölner Kommunisten, treue Anhänger von Marx und Engels, entfalteten insbesondere unter Hermann Becker, nicht nur wegen seiner radikalen Gesinnung, sondern auch wegen seiner Haarfarbe der »rote Becker« genannt, relativ beachtliche Aktivitäten, unter anderem die Herausgabe der *Westdeutschen Zeitung*. Eines der Mitglieder des *Kölner Bundes der Kommunisten*, der Schneider Peter Nothjung, ging der Polizei ins Netz und wurde am Leipziger Bahnhof verhaftet. Die geheimen Unterlagen des Bundes, die er bei sich hatte, fielen der Polizei in die Hände und wurden die Grundlage des skandalösen Kölner Kommunistenprozesses. Friedrich Wilhelm IV. gelang es, mithilfe seines zwielichtigen persönlichen Spitzels, des Kriminalpolizisten Wilhelm Stieber, einen Schauprozess inszenieren zu lassen, der die Aktivitäten der Kölner Kommunisten zu einem »umstürzlerischen Komplott« aufblähte. Etliche Mitglieder wurden zu erheblichen Haftstrafen verurteilt, so auch der »rote Becker«, der es allerdings später zum Kölner Oberbürgermeister bringen sollte.

Unmittelbar anschließend an die Schrift *Die Klassenkämpfe in Frankreich* und ebenfalls noch die Aufarbeitung der gescheiterten 1848er-Revolution betreffend ist ein Text von Karl Marx, der sich nicht nur als eine seiner bis heute einflussreichsten Schriften erweisen sollte, sondern mit Sicherheit auch eines seiner stilistischen Glanzstücke darstellt: *Der Achtzehnte Brumaire des Louis Bonaparte*. Gegenstand bzw. Anlass ist der Staatsstreich Louis-Napoléon Bonapartes vom 2. Dezember 1851 – Marx vermeidet konsequent den Teil des Namens, der an

den »großen« Napoleon erinnert –, durch den sich dieser selbst vom Präsidenten der Republik zu deren erstem Konsul beförderte und schließlich als Napoleon III. zum Kaiser krönen ließ (vgl. dazu TS 193–207). Aufarbeitung der gescheiterten Revolution ist die Schrift insofern, als Marx bereits in der Eingangspassage deutlich macht, wie sich Revolutionen stets als Neuauflage früherer, idealisierter revolutionärer Bewegungen verstanden hätten. Scharf geht er mit der Vorstellung ins Gericht, Revolutionen könnten die Vergangenheit als Schablone benutzen:

Der Kommunistenprozess in Köln – ein Schauprozess, der die treuen Anhänger Marx' in der Rheinmetropole betraf

Hegel bemerkt irgendwo, dass alle großen weltgeschichtlichen Tatsachen und Personen sich sozusagen zweimal ereignen. Er hat vergessen, hinzuzufügen: das eine Mal als Tragödie, das andere Mal als Farce. Caussidière für Danton, Louis Blanc für Robespierre, die Montagne von 1848–1851 für die Montagne von 1793–1795, der Neffe für den Onkel. Und dieselbe Karikatur in den Umständen, unter denen die zweite Auflage des achtzehnten Brumaire herausgegeben wird!

Die Menschen machen ihre eigene Geschichte, aber sie machen sie nicht aus freien Stücken, nicht unter selbstgewählten, sondern unter unmittelbar vorgefundenen, gege-

benen und überlieferten Umständen. Die Tradition aller toten Geschlechter lastet wie ein Alp auf dem Gehirne der Lebenden. Und wenn sie eben damit beschäftigt scheinen, sich und die Dinge umzuwälzen, noch nicht Dagewesenes zu schaffen, gerade in solchen Epochen revolutionärer Krise beschwören sie ängstlich die Geister der Vergangenheit zu ihrem Dienste herauf, entlehnen ihnen Namen, Schlachtparole, Kostüm, um in dieser altehrwürdigen Verkleidung und mit dieser erborgten Sprache die neuen Weltgeschichtsszenen aufzuführen. So maskierte sich Luther als Apostel Paulus, die Revolution von 1789–1814 drapierte sich abwechselnd als römische Republik und als römisches Kaisertum, und die Revolution von 1848 wusste nichts Besseres zu tun, als hier 1789, dort die revolutionäre Überlieferung von 1793–1795 zu parodieren. (TS 195–196 / MEW 8, 115)

Allerdings bleibt festzuhalten, dass Marx hier unausgesprochen auch Selbstkritik übt, wollte er doch zumindest zu Beginn der 1848er-Revolution deutlich an die Französische Revolution als Vorbild anknüpfen. Von bleibender Bedeutung ist dieser Marx'sche Text aber vor allem, weil Marx seine materialistische Geschichtsauffassung hier auf ein konkretes historisches Ereignis anwendet und dieses aus den Klassengegensätzen heraus zu erklären versucht, die dahinterstehen. Marx selbst beschreibt die Intention seines Textes wohl am besten:

Viktor Hugos »Napoleon le Petit« beschränkt sich auf bittere und geistreiche Invektive gegen den verantwortlichen Herausgeber des Staatsstreichs. Das Ereignis selbst erscheint bei ihm wie ein Blitz aus heiterer Luft. Er sieht darin nur die Gewalttat eines einzelnen Individuums. Er merkt nicht, dass er dies Individuum groß statt klein macht, indem er ihm eine persönliche Gewalt der Initiative zuschreibt, wie sie beispiellos in der Weltgeschichte dastehen würde, Proudhons »Coup d'État« seinerseits sucht den Staatsstreich als Resultat einer vorhergegangenen geschichtlichen Entwicklung darzustellen. Unter der Hand verwandelt sich ihm jedoch die geschichtliche Konstruktion des Staatsstreichs in eine geschichtliche Apologie des Staatsstreichshelden. Er verfällt so in den Fehler unserer sogenannten objektiven Geschichtsschreiber. Ich weise dagegen nach, wie der Klassenkampf in Frankreich Umstände und Verhältnisse schuf, welche einer mittelmäßigen und grotesken Personage das Spiel der Heldenrolle ermöglichen. (Mehring 2001, 213)

Nach der Spaltung und schließlichen Auflösung des *Bundes der Kommunisten* zog sich Marx aus der unmittelbaren politischen Aktivität zurück, und erst im Zuge der Gründung der *Internationalen Arbeiterassoziation* Anfang der 1860er-Jahre finden wir ihn wieder auf der Bühne des politischen Geschehens. Marx hatte aus der gescheiterten Revolution eine sehr grundsätzliche Lehre gezogen, die er nun konsequent für sich selbst beherzigte: Eine erfolgreiche Revolution werde nur vor dem Hintergrund einer ökonomischen Krise möglich sein, wie sie der Kapitalismus notgedrungen regelmäßig aus sich heraus gebiert. Den allgemeinen Zusammenhang zwischen gesellschaftlicher Umwälzung und ökonomischer Entwicklung (im Sinne der Entwicklung der Produktivkräfte) hatte er zwar bereits im *Manifest* hinreichend dargelegt, die unmittelbare Verknüpfung mit einer akuten ökonomischen Krise als »revolutionärer Situation« war in dieser Form jedoch eine neue Einsicht, die fast schon wie eine Verkehrung ins Gegenteil seiner im *Manifest* erörterten Auffassung klingt:

Bei dieser allgemeinen Prosperität, worin die Produktivkräfte sich so üppig entwickeln, wie dies innerhalb der bürgerlichen Gesellschaft überhaupt möglich ist, kann von einer wirklichen Revolution keine Rede sein. […] *Eine Revolution ist nur möglich im Gefolge einer neuen Krisis. Sie ist aber auch ebenso sicher wie diese.* (Mehring 2001, 248)

Der Lesesaal des British Museum in London war der Arbeitsplatz von Karl Marx. Hier vertiefte er sich nicht nur in Fragen der Ökonomie, sondern aller wesentlichen Wissensgebiete seiner Zeit.

Von daher war es nur konsequent, dass sich Marx in den folgenden Jahren intensiv dem Studium der Ökonomie als der »Anatomie der bürgerlichen Gesellschaft« widmete. Äußerst diszipliniert verbrachte er seine Tage in der Bibliothek des British Museum und leistete jene Geistesarbeit, aus der heraus schließlich sein Hauptwerk, *Das Kapital*, heranreifen sollte.

Im bereits zitierten Vorwort zu seiner Schrift *Zur Kritik der politischen Ökonomie* aus dem Jahr 1859 versucht er, den bereits in der *Deutschen Ideologie* entwickelten historischen Materialismus noch einmal knapp zu skizzieren und fasst ihn in die berühmt gewordene Metapher von Basis und Überbau. Damit begründet er nun seine Priorität, sich eingehend mit der Ökonomie zu beschäftigen:

Meine Untersuchung mündete in dem Ergebnis, dass Rechtsverhältnisse wie Staatsformen weder aus sich selbst zu begreifen sind noch aus der sogenannten allgemeinen Entwicklung des menschlichen Geistes, sondern vielmehr in den materiellen Lebensverhältnissen wurzeln, deren Gesamtheit Hegel, nach dem Vorgang der Engländer und

Franzosen des 18. Jahrhunderts, unter dem Namen »bürgerliche Gesellschaft« zusammenfasst, dass aber die Anatomie der bürgerlichen Gesellschaft in der politischen Ökonomie zu suchen sei. Die Erforschung der Letzteren, die ich in Paris begann, setzte ich fort zu Brüssel, wohin ich infolge eines Ausweisungsbefehls des Herrn Guizot übergewandert war. Das allgemeine Resultat, das sich mir ergab und, einmal gewonnen, meinen Studien zum Leitfaden diente, kann kurz so formuliert werden: In der gesellschaftlichen Produktion ihres Lebens gehen die Menschen bestimmte, notwendige, von ihrem Willen unabhängige Verhältnisse ein, Produktionsverhältnisse, die einer bestimmten Entwicklungsstufe ihrer materiellen Produktivkräfte entsprechen. Die Gesamtheit dieser Produktionsverhältnisse bildet die ökonomische Struktur der Gesellschaft, die reale Basis, worauf sich ein juristischer und politischer Überbau erhebt und welcher bestimmte gesellschaftliche Bewusstseinsformen entsprechen. Die Produktionsweise des materiellen Lebens bedingt den sozialen, politischen und geistigen Lebensprozess überhaupt. Es ist nicht das Bewusstsein der Menschen, das ihr Sein, sondern umgekehrt ihr gesellschaftliches Sein, das ihr Bewusstsein bestimmt. (TS 234 / MEW 13, 8)

Marx trifft in diesem Text auch die konkrete Unterscheidung von vier historischen Produktionsweisen, wie er sie bereits in Artikeln für den *New-York Daily Tribune* aus dem Jahr 1853 ansatzweise entfaltet hatte und wie er sie nochmals näher in den *Grundrissen der Kritik der politischen Ökonomie* beschreibt: die asiatische Produktionsweise, die von der Unterordnung aller Arbeiter unter den Staat gekennzeichnet ist (z. B. in China); die antike, in der der Sklave dem Patrizier unterworfen ist (wie im Römischen Reich); die feudale mit ihrem Lehnswesen (mittelalterliches Europa) und die bürgerliche mit ihrer Unterordnung der Lohnarbeit unter das Kapital. Die Benennung dieser vier Produktionsweisen (deren konkrete Identifizierungen bei Marx manchmal eher fragwürdig scheinen) hat vielfache historische Forschungsarbeit angeregt und mag als heuristisches Prinzip für die Geschichtsschreibung von Nutzen sein. Entscheidend ist, dass mit der Überwindung des Antagonismus der bürgerlichen Gesellschaft für Marx nicht einfach eine neue historische Etappe beginnt; sie stellt vielmehr den grundlegenden Bruch mit der gesamten Vorgeschichte dar. Jonathan Sperber meint, dass sich in dieser Geschichtsauffassung (progressive Entwicklung der Produktionsweisen und schließlich Zweiteilung der Menschheitsgeschichte in eine irrationale und in eine »wissenschaftliche« Epoche) das damals so hoch im Kurs stehende positivistische Denken etwa eines Auguste Comte widerspiegle (Sperber 2013, 407), obwohl Marx insgesamt dieses positivistische Denken – im Gegensatz zu Engels – eher fremd ist und er da und dort sogar ausdrücklich dagegen polemisiert.

Eine erste reife Frucht seiner Beschäftigung mit der Ökonomie sind die *Grundrisse der Kritik der politischen Ökonomie*, die er in den Jahren 1857/58 verfasste und die als gründliche Vorstudie zu seinem späteren Hauptwerk gelten können (vgl. dazu TS 209–225). Wesentliche Elemente dessen, was Marx vor allem im *Kapital* näher entfalten wird, sind hier schon enthalten. Vor allem aber umreißt Marx hier auf wenigen Seiten seine *dialektische Methode* (vgl. dazu eingehend TS 210–215). Wie gelangt man eigentlich von den empirisch feststellbaren Daten, vom ungeordneten empirischen Material, zum Verständnis der Logik, des inneren Bandes des Ganzen? Ohne das in unserem Zusammenhang näher ausführen zu wollen, sei an die Adresse orthodoxer Marxisten gesagt: Marx sagt hier ausdrücklich, dass die Anwendung der dialektischen Methode sich genau auf diesen Gegenstand, die Analyse des Kapitalismus, bezieht, und dass es jeder Legitimation entbehrt, sie darüber hinaus anzuwenden und sie wie Hegel als dem Verständnis der Wirklichkeit insgesamt angemessen zu betrachten! Bereits an anderer Stelle, nämlich in seiner *Kritik des Hegel'schen*

Staatsrechts, sprach Marx von der »eigentümlichen Logik des eigentümlichen Gegenstands« (MEW 1, 296). Und Marx begründet auch genau, warum gerade diese Methode diesem Gegenstand entspricht. Er geht vom inneren Zusammenhang der herrschenden politischen Ökonomie als Mystifizierung der realen Ökonomie aus. Er zeigt, wie die klassische Ökonomie (Smith, Ricardo) wie Hegel von abstrakten Bestimmungen, zum Beispiel der Kategorie »Arbeit«, zum Konkreten gelangt. Hegels Methode bestand ja in der schrittweisen Bildung konkreter Begriffe aus abstrakten Gedankenbestimmungen. Für ihn war dies die Bewegung des Denkens, des reflektierenden Geistes, selbst. Der Rechtsgrund dafür, diese Methode auf die Analyse des Kapitalismus anzuwenden, ist einzig und allein darin begründet, dass *im Kapitalismus selbst die Abstraktion Realität geworden* ist, dass sich erst im Kapitalismus etwa die abstrakte Arbeit in ihrer tatsächlichen Gleichgültigkeit gegenüber der konkreten, lebendigen Arbeit herausgebildet hat. Der Kapitalismus als die faktische Herrschaft der Abstraktion allein ist also die Rechtfertigung für die Anwendung der dialektischen Methode. Aus der Perspektive von Marx gibt es also kaum einen größeren Unsinn, als die Dialektik wie in Hegels Geistphilosophie wieder zum Verstehensschlüssel der Wirklichkeit insgesamt machen zu wollen, wie das im berühmten »dialektischen Materialismus« geschah, den Marx wahrscheinlich ideologiekritisch sehr leicht als den Überbau einer totalitären Praxis durchschaut hätte.
Den Anspruch, den Marx mit seiner Erforschung der Ökonomie verband, hat ausgehend von den *Grundrissen* Iring Fetscher sehr präzise formuliert:

Wie Kant die Kategorientafel als Gegebenheit aufnimmt, so geht Ricardo (und Adam Smith) von den Daten und Kategorien der politischen Ökonomie aus. Wie Hegel die dialektische Ableitung der Kategorien in seiner Logik, so unternimmt Marx die dialektische Rekonstruktion der

Kategorien der politischen Ökonomie im »Kapital«. Was Kant und Ricardo als undiskutierbare Voraussetzungen hinnehmen, das wird bei Hegel und Marx zum Problem. Was Kant und Ricardo nur »einsammeln«, versuchen Hegel und Marx »abzuleiten«. Mit dem Unterschied freilich, dass diese Tätigkeit bei Hegel die gesamte erscheinende Wirklichkeit umfasst, bei Marx lediglich die kapitalistische Produktionsweise – eine Totalität, in die die Menschen lediglich vorübergehend einbezogen sind und aus der sie theoretisch wie praktisch sich befreien können. (Fetscher 1985, 29)

Allerdings hat sich die geistige Arbeit Marx' im Lesesaal des British Museum bei Weitem nicht nur auf Fragen der Ökonomie beschränkt. Er hatte offensichtlich den Ehrgeiz, sich das Wissen seiner Zeit sehr umfassend – und dabei alles andere als oberflächlich – anzueignen. In seinem Nachlass finden sich zahlreiche Exzerpte von Werken nicht nur der Ökonomie, der Statistik, Geschichte und Politik, er beschäftigte sich ebenso intensiv mit den neuesten Forschungsergebnissen aus Chemie, Geologie, Mechanik, Agronomie und Mathematik (in den letzten Lebensjahren vor allem mit der Infinitesimalrechnung). Den neuesten technischen Errungenschaften seiner Zeit galt sein ganz besonderes Interesse, und bei so mancher Gelegenheit machte er deutlich, dass er diesen technischen Entwicklungen erheblich mehr zutraute als den politischen Prozessen gesellschaftlicher Transformation.
Ende 1864 erschloss sich für Marx eine außerordentliche Möglichkeit, seine politische Abstinenz aufzugeben: Vor allem britische Gewerkschaften und französische Arbeitervereine organisierten in der Londoner St. Martins Hall eine öffentliche Versammlung, um die Unabhängigkeit Polens vom zaristischen Russland öffentlich zu unterstützen. Karl Marx wurde eingeladen, als Beobachter daran teilzunehmen. Es ist nicht ganz klar, warum die Einladung ausgerechnet an die Adresse von Marx erging, zumal der, der sie aussprach – der in London

lebende französische Emigrant Le Lubez – ein Parteigänger Proudhons war. Einerseits dürfte das Ansehen, das Marx inzwischen in weiten Teilen der Arbeiterbewegung genoss, dafür ausschlaggebend gewesen sein, andererseits aber auch seine bekannte antirussische Haltung. Marx schlug als offiziellen Vertreter der deutschen Arbeiter einen alten Weggefährten aus dem *Bund der Kommunisten*, den Schneidergesellen Johann Eccarius, vor, den er bereits aus seinen Brüsseler Tagen kannte. Am 28. September fand die Versammlung unter der Leitung des englischen Gewerkschafters Edward Spencer Beesly statt. Marx saß am Podium, ohne jedoch das Wort zu ergreifen. Über den konkreten Anlass, die Unterstützung eines unabhängigen Polen, hinaus ging aus der Versammlung ein folgenreicher Beschluss hervor: Die Teilnehmer bekundeten ihren Willen zur Gründung einer *Internationalen Arbeiterassoziation* und verständigten sich auf die Abhaltung eines Kongresses im darauffolgenden Jahr in Brüssel. Die *Internationale*, im Rückblick die *Erste Internationale* genannt, war geboren. Diese retrospektive Namensgebung erfolgte angesichts der 1889 gegründeten und bis heute existierenden *Zweiten* oder *Sozialistischen Internationalen* sowie der nach Gründung der Sowjetunion im Jahr 1919 entstandenen *Dritten* bzw. *Kommunistischen Internationalen*. Der Vollständigkeit halber müsste man natürlich noch die *Vierte*, die *Trotzkistische Internationale* erwähnen.

Marx hatte nach langer Zeit das Gefühl, dass sich hier etwas wirklich Bedeutsames entwickelt, was ihn motivierte, seine Beobachterrolle aufzugeben. Er schreibt in diesem Sinne an Joseph Weydemeyer: »Obgleich ich jahrelang systematisch alle Teilnahme an allen ›Organisationen‹ etc. ablehnte, so akzeptierte ich *diesmal*, weil es sich um eine Geschichte handelte, wo es möglich ist, bedeutend zu wirken.« (MEW 31, 428 f)

Marx hielt sich zunächst im Hintergrund. Die Versammlung entwickelte eine erste Organisationsstruktur. Man bildete einen Zentralrat mit einem Generalsekretär und Korrespondenten, das heißt Vertretern verschiedener Arbeiterorganisationen aus den einzelnen Ländern. Generalsekretär wurde Eccarius, der Vertraute von Marx, was darauf hindeuten dürfte, dass Marx es auch ohne offizielles Mandat verstand, Einfluss zu nehmen. Die Zusammensetzung war recht heterogen. Die stärkste Gruppe in diesem aus 82 Mitgliedern bestehenden Generalrat waren 40 reformistische Gewerkschafter aus England, dazu kamen zwölf deutsche Sozialisten, zwölf Franzosen (Anhänger Proudhons und Blanquis), neun Anhänger Giuseppe Mazzinis aus Italien, fünf polnische Patrioten, zwei Schweizer, ein Ungar und ein Däne. Marx wird kooptiertes Mitglied im Generalrat und Korrespondent für Deutschland. Darüber hinaus wird er auch kooptiertes Mitglied in einem Unterausschuss, dessen Aufgabe es ist, das Manifest und die Statuten der Organisation auszuarbeiten. Marx nimmt zunächst an den Sitzungen nicht teil. Als er jedoch mitbekam, welche Einflüsse in diesem Unterausschuss dominierten, fühlte er sich veranlasst, einzugreifen. Einerseits bestand die Gefahr, dass die Anarchisten die Oberhand gewännen, andererseits galt es aber auch, den Einfluss des italienischen Sozialdemokraten und dezidierten Kommunistengegners Mazzini zurückzudrängen. Marx gelang es, die Dinge an sich zu reißen. Nach langen, erfolglosen Debatten bot er sich an, angesichts der drängenden Zeit einen Entwurf für die Adresse und die vorläufigen Statuten zu verfassen. In nur wenigen Tagen legt er brillante Texte vor, die mit geringfügigen Veränderungen angenommen wurden. Die *Adresse* (vgl. TS 239–242 / MEW 16, 5–13) versteht es geschickt, die innerhalb der Linken seiner Zeit herrschenden Ansichten miteinander ins Gleichgewicht zu bringen. Marx insistiert auf der Notwendigkeit einer anderen Gesellschaftsordnung, berücksichtigt aber dabei die Gesichtspunkte der Reformisten. Die Emanzipation der Arbeiterklasse – so stellt er heraus – kann nur von der Arbeiterklasse selbst bewerkstelligt werden. Der Arbeitskampf müsse im politischen Kampf münden, wobei sich die Arbeiterschaft in einer eigenständigen Partei organisieren soll. Eine dem Frieden dienende Außenpolitik ist hierbei ein politisches Ziel. Die *Internationale* sollte das Gravitationszentrum der Zusammenarbeit der Arbeitervereinigungen sein und der Hebung des Klassenbewusstseins dienen. Er hebt die Errungenschaften der Kooperativbewegung geschickt hervor, um gleich darauf deren Grenzen aufzuzeigen und die Parole der Eroberung der politischen Macht auszugeben. Angesichts der unterschiedlichen Bedingungen in den einzelnen Ländern empfiehlt Marx eine pragmatische Herangehensweise.

Insgesamt ist zu erkennen, dass Marx für eine fruchtbare Verbindung zwischen Reform und Revolution innerhalb der sozialistischen Bewegung eintritt. Der Aufbau von Gewerkschaften, der Kampf für die Erweiterung demokratischer Rechte und um gesellschaftliche Reformen sind dazu geeignet, den Grundkonflikt zwischen Arbeiterklasse und Kapital zuzuspitzen und einen revolutionären Ausgang herbeizuführen. Allerdings wird das Verhältnis von Reformpolitik einerseits und dem Anspruch, das kapitalistische System zu beseitigen andererseits ein Dauerthema innerhalb der Linken bleiben – bis heute. Exemplarisch hierfür kann die Debatte zwischen Eduard Bernstein und Rosa Luxemburg Anfang des 20. Jahrhunderts stehen. Luxemburgs Formel von einer *revolutionären Reformpolitik* dürfte der Intention Marx' weitgehend entsprechen.

Ebenso geschickt formuliert sind die *Provisorischen Statuten*. Marx beschreibt präzise den Zweck der *Internationalen*:

In Erwägung, dass die Emanzipation der Arbeiterklasse durch die Arbeiterklasse selbst erobert werden muss […]; dass die ökonomische Emanzipation der Arbeiterklasse daher der große Endzweck ist, dem jede politische Bewegung, als Mittel, unterzuordnen ist […]; dass die Emanzipation der Arbeiterklasse weder eine lokale, noch eine nationale, sondern eine soziale Aufgabe ist, welche alle Länder umfasst, in denen die moderne Gesellschaft besteht, und deren Lösung vom praktischen und theoretischen Zusammenwirken der fortgeschrittensten Länder abhängt; dass die gegenwärtig sich erneuernde Bewegung der Arbeiterklasse in den industriellen Ländern Europas, während sie neue Hoffnungen wachruft, zugleich feierlich Warnung erteilt gegen einen Rückfall in die alten Irrtümer und zur sofortigen Zusammenfassung der noch zusammenhangslosen Bewegung drängt; aus diesem Grunde haben die unterzeichneten Mitglieder der Kommission […] *die notwendigen Schritte zur Gründung der Internationalen Arbeiter-Assoziation getan.* (MEW 16, 14)

Marx war nicht, wie es oft kolportiert wurde, der »Chef der Internationale«. Er bekleidet keine offizielle Position, doch er wirkt unermüdlich im Hintergrund und trägt dazu bei, dass die *Internationale* ein bedeutendes Instrument wird, das sich vor allem bei Arbeitskämpfen bewähren wird. Arbeiter fielen nicht länger ihren Kollegen in anderen Ländern als Streikbrecher in den Rücken; die finanzielle Unterstützung durch die *Internationale* machte vielfach einen Arbeitskampf dort möglich, wo Gewerkschaften schwach oder verboten waren. Doch die Organisationsweise als lose Föderation verschiedener Arbeiterorganisationen machte sie auch zu einem recht schwierigen Konstrukt. Einer der großen Gegenspieler Marx' innerhalb der *Internationale* sollte der russische Anarchist Michail Bakunin sein. Anfang der Siebzigerjahre wurde der Sitz des Generalrates auf Betreiben von Marx und Engels nach New York verlegt. Beide hielten die *Internationale* angesichts der neuen politischen Lage für kein geeignetes Instrument mehr und wollten sie in den Hintergrund treten lassen. Und motiviert waren sie wohl auch von der Sorge, es könnten sich bedenkliche politische Kräfte der *Internationale* bemächtigen, die ihrer Kontrolle entglitten.

Im Jahr 1867 kann in Hamburg schließlich der erste Band jenes monumentalen Werkes erscheinen, das Marx' Weltruhm begründen sollte: *Das Kapital.* Lediglich dieser erste Band erscheint zu Marx' Lebzeiten, die beiden anderen Bände werden aus dem Nachlass in akribischer Arbeit von Friedrich Engels zusammengestellt und ediert. Marx hat übrigens die Arbeit an diesem Werk vollendet, während er an einer quälenden Furunkulose litt.

Das Kapital.

Kritik der politischen Oekonomie.

Von

Karl Marx.

Erster Band.

Buch I: Der Produktionsprocess des Kapitals.

Hamburg

Verlag von Otto Meissner.

1867.

New-York: L. W. Schmidt, 24 Barclay-Street.

Titelblatt der Erstausgabe des ersten Bandes des *Kapital*

Insgesamt ist das Werk, wie es heute in drei Bänden vorliegt, eigentlich nur der Torso eines monumentalen Projektes. Im Lauf der 1850er-Jahre skizzierte Marx bereits einen »Plan der politischen Ökonomie«, der insgesamt sechs Bände vorsah: Der erste Band, *Das Kapital*, sollte Ware, Geld, Produktions- sowie Zirkulationsprozess, Kredit und Aktienkapital umfassen; ein zweiter Band sollte dem Grundeigentum, ein dritter der Lohnarbeit, ein vierter dem Staat, ein fünfter dem auswärtigen Handel und ein sechster schließlich dem Weltmarkt gewidmet sein. Wenn man diese Skizze zugrunde legt, dann hat Marx mit dem ersten Band des *Kapital* nur einen Teil des geplanten ersten Bandes des sechsbändigen Projekts realisiert. Für weitere Themen des geplanten ersten Bandes lag ein Manuskript vor, das Engels dann als zweiten Band des *Kapital* edierte. Darüber hinaus lagen für diesen ursprünglich geplanten ersten Band ungeordnete Notizen und Fragmente bzw. mehr oder weniger ausgearbeitete Konzepte vor, aus denen Engels dann den dritten Band des *Kapital*, wie er uns heute vorliegt, komponierte. Andere Teile der hinterlassenen Manuskripte hat später Karl Kautsky in drei Bänden unter dem Titel *Theorien über den Mehrwert* herausgegeben. Marx hat also offensichtlich mit seinem ursprünglichen Plan den Anspruch verbunden, ein umfassendes System nach dem Vorbild Hegels zu entwickeln, der in seine Philosophie des Geistes die Logik, die Religion, die Geschichte, die Ästhetik und das Recht einbezogen hat. Diesem Anspruch konnte eine Einzelperson, auch eine vom Format des Karl Marx, allein aufgrund der schnellen Vermehrung des Wissens auf allen Gebieten in der zweiten Hälfte des 19. Jahrhunderts nicht gerecht werden. Der ausgewiesene Marx-Kenner Rudolph Walter nennt das unvollendete Werk allerdings mit Recht den »besten Rohbau aller Zeiten« (*taz* vom 22./23. Juli 2017, 15).

Es ist in diesem Zusammenhang natürlich nicht möglich, die inhaltliche Substanz dieses Werkes auch nur annähernd darzustellen (vgl. dazu die kommentierte Textauswahl in TS 243–344). Einige Grundzüge seien dennoch herausgestellt:

Marx geht »phänomenologisch« vor: Was sich uns zeigt, ist zunächst eine große Ansammlung von Waren. Er greift nun eine solche Ware heraus, betrachtet ihre unterschiedlichen Aspekte und entwickelt daraus nach und nach die entscheidenden Grundwidersprüche des kapitalistischen Systems. Die Analyse setzt ein mit dem »Fetischcharakter der Warenwelt«. Die Charakterisierung des kapitalistischen Systems als Fetisch ist ein entscheidendes Grundmotiv bei Marx! Gemeint ist damit, dass unter kapitalistischen Vorzeichen das, was den Händen und Köpfen der Subjekte selbst entspringt, sich verselbstständigt und über sie Macht gewinnt. Subjekt und Objekt kehren sich um! Marx meint damit das eigentliche Wesen des Kapitalismus beschrieben zu haben. In immer neuen Formulierungen stellt er diesen Sachverhalt dar, angefangen von den *Pariser Manuskripten* aus dem Jahr 1844 bis zu seinem Spätwerk. Bereits in den *Pariser Manuskripten* heißt es in diesem Sinne etwa:

Der Gegenstand, den die Arbeit produziert, ihr Produkt, tritt ihr als ein fremdes Wesen, *als eine von den Produzenten* unabhängige Macht *gegenüber.* (TS 96 / MEW 40, 511)

In der *Deutschen Ideologie* geht Marx von der Arbeitsteilung aus und formuliert in ganz ähnlicher Weise:

Die soziale Macht, das heißt die vervielfachte Produktionskraft, die durch das in der Teilung der Arbeit bedingte Zusammenwirken der verschiedenen Individuen entsteht, erscheint diesen Individuen, weil das Zusammenwirken selbst nicht freiwillig, sondern naturwüchsig ist, nicht als ihre eigne, vereinte Macht, sondern als eine fremde, außer ihnen stehende Gewalt, von der sie nicht wissen woher und wohin, die sie also nicht mehr beherrschen können, die im

Gegenteil nun eine eigentümliche, vom Wollen und Laufen der Menschen unabhängige, ja dies Wollen und Laufen erst dirigierende Reihenfolge von Phasen und Entwicklungsstufen durchläuft. (TS 153 / MEW 3, 34)

Eine der eingängigsten und präzisesten Darstellungen dieses Sachverhalts findet sich in den *Grundrissen*, den Vorstudien zum *Kapital*:

Sosehr nun das Ganze dieser Bewegung [der Zirkulation] *als gesellschaftlicher Prozess erscheint, und sosehr die einzelnen Momente dieser Bewegung vom bewussten Willen und besondren Zwecken der Individuen ausgehen, sosehr erscheint die Totalität des Prozesses als ein objektiver Zusammenhang, der naturwüchsig entsteht; zwar aus dem Aufeinanderwirken der bewussten Individuen hervorgeht, aber weder in ihrem Bewusstsein liegt, noch als Ganzes unter sie subsumiert wird. Ihr eignes Aufeinanderstoßen produziert ihnen eine über ihnen stehende,* fremde *gesellschaftliche Macht; ihre Wechselwirkung als von ihnen unabhängigen Prozess und Gewalt. Die Zirkulation, weil eine Totalität des gesellschaftlichen Prozesses, ist auch die erste Form, worin nicht nur wie etwa in einem Geldstück, oder im Tauschwert, das gesellschaftliche Verhältnis als etwas von den Individuen Unabhängiges erscheint, sondern das Ganze der gesellschaftlichen Bewegung selbst. Die gesellschaftliche Beziehung der Individuen aufeinander als verselbstständigte Macht über den Individuen, werde sie nun vorgestellt als Naturmacht, Zufall oder in sonst beliebiger Form, ist notwendiges Resultat dessen, dass der Ausgangspunkt nicht das freie gesellschaftliche Individuum ist.* (TS 225 / Grundrisse, 111)

Und das *Kapital* selbst setzt mit der Herausarbeitung des Fetischcharakters der Ware ein:

Dieser Fetischcharakter der Warenwelt entspringt, wie die vorhergehende Analyse bereits gezeigt hat, aus dem eigen-

tümlichen gesellschaftlichen Charakter der Arbeit, welche Waren produziert.

Gebrauchsgegenstände werden überhaupt nur Waren, weil sie Produkte voneinander unabhängig betriebner Privatarbeiten sind. Der Komplex dieser Privatarbeiten bildet die gesellschaftliche Gesamtarbeit. Da die Produzenten erst in gesellschaftlichen Kontakt treten durch den Austausch ihrer Arbeitsprodukte, erscheinen auch die spezifisch gesellschaftlichen Charaktere ihrer Privatarbeiten erst innerhalb dieses Austausches. Oder die Privatarbeiten betätigen sich in der Tat erst als Glieder der gesellschaftlichen Gesamtarbeit durch die Beziehungen, worin der Austausch die Arbeitsprodukte und vermittelst derselben die Produzenten versetzt. Den Letzteren erscheinen daher die gesellschaftlichen Beziehungen ihrer Privatarbeiten als das, was sie sind, d. h. nicht als unmittelbar gesellschaftliche Verhältnisse der Personen in ihren Arbeiten selbst, sondern vielmehr als sachliche Verhältnisse der Personen und gesellschaftliche Verhältnisse der Sachen. (TS 252 / MEW 23, 87)

Es lässt sich kaum ein Denkmotiv bei Karl Marx finden, das so viel Kontinuität innerhalb seines Werkes aufweist. Innerhalb der marxistischen Tradition wurde gerade diese zentrale Charakterisierung des Kapitalismus als Fetischismus weitgehend übersehen, unterschätzt, als mehr oder weniger originelle Metapher von wenig analytischem Wert betrachtet. Vielleicht lässt sich aus heutiger Sicht, da wir dabei sind, uns unseren eigenen Algorithmen auszuliefern, dieser zentrale Gedanke von Karl Marx leichter nachvollziehen.

Marx untersucht nun den Austauschprozess von Waren innerhalb der kapitalistischen Ökonomie, trifft die grundlegende Unterscheidung zwischen Gebrauchswert (dem konkreten Nutzen einer Ware also und dem eigentlichen Grund, warum ein Austausch stattfindet) und dem Tauschwert (dem gemeinsamen Maßstab, der für jeden Tausch Voraussetzung ist und den Marx in der konkreten Arbeitszeit erkennt, die in einem Produkt steckt). Nun aber ist das Folgende erklärungsbedürftig: Der Austauschprozess ergibt für den Kapitalisten nur Sinn, wenn am Ende des Prozesses mehr Geldwert herauskommt, als er am Anfang investiert hat. Nur dann hat er sein Ziel erreicht, das er aufgrund des Konkurrenzverhältnisses auch erreichen muss, wenn er diesem Konkurrenzkampf nicht unterliegen will. Wie aber ist dies möglich, wenn es doch beim Warentausch immer nur um einen Tausch von Äquivalenten gehen kann – es sei denn, ich lege den simplen Sachverhalt zugrunde, über den Tisch gezogen zu werden? Marx' Erklärung: Innerhalb des kaum überschaubaren Umkreises von Waren gibt es eine Ware ganz besonderer Art: Deren Gebrauchswert besteht darin, *mehr Wert* zu produzieren, als sie für ihren eigenen Unterhalt (inklusive den der Nachkommen) braucht: Die entscheidende Entdeckung Marx', der *Mehrwert*, ist nun herausgearbeitet. Anknüpfend an die Arbeitswertlehre seiner klassischen Vorgänger (David Ricardo) hat er den entscheidenden Punkt erfasst. Marx zeigt nun, wie sämtliche Arten von Profit sich letztlich auf diesen Mehrwert zurückführen lassen, und arbeitet so den entscheidenden Grundwiderspruch der Dynamik des Kapitalismus heraus: den Widerspruch zwischen einer vergesellschafteten Produktion einerseits und der privaten Aneignung der Produktionsmittel andererseits, der letztlich den dem Kapitalismus eingeschriebenen *Wachstumszwang* erzeugt. Die Aktualität der Analyse der Dynamik der kapitalistischen Wirtschaft durch Karl Marx liegt hier, angesichts der sich heute zeigenden vielfachen, an erster Stelle ökologischen Grenzen des Wachstums, klar auf der Hand:

Die einfache Warenzirkulation – der Verkauf für den Kauf – dient zum Mittel für einen außerhalb der Zirkulation liegenden Endzweck, die Aneignung von Gebrauchswerten, die Befriedigung von Bedürfnissen. Die Zirkulation des Geldes als Kapital ist dagegen Selbstzweck, denn die Verwer-

tung des Werts existiert nur innerhalb dieser stets erneuerten Bewegung. Die Bewegung des Kapitals ist daher maßlos.

[…] *Als Fanatiker der Verwertung des Werts zwingt er rücksichtslos die Menschheit zur Produktion um der Produktion willen* […]. *Außerdem macht die Entwicklung der kapitalistischen Produktion eine fortwährende Steigerung des in einem industriellen Unternehmen angelegten Kapitals zur Notwendigkeit, und die Konkurrenz herrscht jedem individuellen Kapitalisten die immanenten Gesetze der kapitalistischen Produktionsweise als äußere Zwangsgesetze auf. Sie zwingt ihn, sein Kapital fortwährend auszudehnen, um es zu erhalten, und ausdehnen kann er es nur vermittelst progressiver Akkumulation.*

[…] *Akkumuliert, akkumuliert! Das ist Mose und die Propheten!* (TS 264. 296. 298 / MEW 23, 167. 618. 621)

Aus den Grundmechanismen der kapitalistischen Produktion leitet Marx nun die periodisch auftretenden Krisen ab (»Unterkonsumtionstheorie« bzw. »tendenzieller Fall der Profitrate«). Darauf – und auch auf die kritischen Einwände dazu – kann hier leider nicht näher eingegangen werden. Auch seine grundlegende Mehrwerttheorie kann hier leider nicht im Detail diskutiert werden. Angemerkt sei lediglich, dass die Setzung der menschlichen Arbeit als allein wertschaffend nur unter der Voraussetzung stimmen kann, dass die Naturbedingungen der Arbeit einfach als gleichbleibende Konstante und damit als vernachlässigbar angenommen werden. Angesichts einer zunehmenden Degradation von Umweltbedingungen und einer immer schwereren Erschließung sich verknappender Ressourcen muss Marx aus heutiger Sicht an dieser Stelle wohl korrigiert werden.

Allen aber, die den großen Ökonomen des 19. Jahrhunderts bis zur Erschöpfung repetieren und dogmatisieren, sei die weise Einsicht Rosa Luxemburgs entgegengehalten, die das *Kapital* selbst auf sehr schöpferische Weise weitergedacht und für ihre Zeit aktualisiert hat:

Faksimile der ersten Seite des Manuskripts des dritten Bandes des *Kapital*

Wie die ganze Weltanschauung Marxens ist sein Hauptwerk keine Bibel, mit fertigen, ein für allemal gültigen Wahrheiten letzter Instanz, sondern ein unerschöpflicher Born der Anregung zur weiteren geistigen Arbeit, zum weiteren Forschen und Kämpfen um die Wahrheit. (Mehring 2001, 355)

Im Sommer 1870 erklärte Napoleon III. Preußen den Krieg, den Bismarck allerdings mit seiner »Emser Depesche« im Bewusstsein der deutschen Überlegenheit selbst provoziert hatte. Während die *Sozialdemokratische Arbeiterpartei* unter Wilhelm Liebknecht die Aggression von beiden Seiten verurteilte, nahmen Marx und Engels zunächst eindeutig für Preußen Partei. Die Abneigung gegen Napoleon III. mag hier mitgespielt haben, doch angesichts der überlieferten Äußerungen beider ist man heute peinlich berührt vom nationalistischen Taumel, dem beide erlagen. Die erste Adresse der *Internationalen Arbeiterassoziation* war noch von dieser einseitigen Beurteilung der Lage geprägt: Die Aggression sei von Napoleon III. ausgegangen, Preußen führe einen Verteidigungskrieg. Immerhin warnte man davor, diesen in einen Eroberungskrieg münden zu lassen. Marx selbst sah sich innerhalb der *Internationale* – vor allem vonseiten Bakunins – bald mit dem Gerücht konfrontiert, er sei ein preußischer Agent! Dahinter stand allerdings eine von Bismarck bewusst inszenierte Diffamierungskampagne.
Marx und Engels hatten allerdings bereits im September ihre Einstellung zum Krieg gründlich geändert. Nach der entscheidenden Niederlage bei Sedan wurde Napoleon III. gefangen genommen. In Paris wurde die Republik ausgerufen und eine provisorische Regierung der nationalen Verteidigung gebildet. Bismarck beansprucht nun Elsass und Lothringen, was August Bebel und Wilhelm Liebknecht scharf verurteilen. Eine zweite Adresse der *Internationalen Arbeiterassoziation* klagt nun ebenfalls den deutschen Expansionsdrang an. In Paris bereitet man sich inzwischen auf den Widerstand gegen eine

preußische Belagerung vor. Am 19. September schlagen die preußischen Truppen ihr Hauptquartier in Versailles auf und schließen die Hauptstadt ein. Die *Internationale* bedrängt England, die republikanische Regierung in Frankreich anzuerkennen. Am 18. Januar 1871 wird im Spiegelsaal von Versailles das deutsche Kaiserreich proklamiert und einige Tage später ein Waffenstillstand unterzeichnet. Bismarck braucht allerdings eine legitimierte Regierung für den Abschluss eines Friedensvertrags. Es werden Wahlen zur Nationalversammlung angesetzt, die zu einem überragenden Sieg der konservativen Monarchisten führen – nicht so in der Hauptstadt. Hier behalten die radikalen Kräfte die Oberhand und proklamieren eine neue Revolutionsregierung in Paris, die *Commune*. Marx hatte schon zuvor innerhalb der *Internationale* die Forderung nach einer Revolutionsregierung oder *Commune* als »Unsinn« bezeichnet und nimmt auch jetzt eine sehr zögerliche Haltung

Barrikadenkämpfe in Paris zur Verteidigung der *Commune*, der Arbeiterselbstverwaltung der französischen Hauptstadt

ein. Nichts ist zu spüren vom späteren Enthusiasmus. Marx äußert sich in eher kritischen Tönen zur *Commune*. Dennoch wird er bald mit ihr in Verbindung gebracht, ja, öffentlich sogar als der eigentliche Initiator der Aufstandsbewegung bezeichnet – während er anderen immer noch als der Agent Preußens gilt.

Am 18. März kommt es in Paris zum offenen Aufstand. Die Bevölkerung wehrt sich gegen die Auslieferung der Kanonen am Montmartre; es werden Barrikaden errichtet. Die Aufstandsbewegung findet ihren Widerhall in Städten wie Lyon, Marseilles, Toulouse. Für Marx haben diese Ereignisse übrigens auch eine persönliche Seite: Seine Tochter Laura hält sich mit ihrem Ehemann, Paul Lafargue, in Frankreich auf, ohne dass Marx irgendeine Nachricht von den beiden hat. Die Versailler Armee belagert nun Paris. Um während der Verhandlungen Druck ausüben zu können, nehmen die Kommunarden etliche prominente Geiseln.

Am 26. März organisiert die *Commune* Wahlen, die trotz der widrigen Umstände eine hohe Beteiligung verzeichnen können. Von den 92 Gewählten sind 17 Mitglieder der *Internationalen Arbeiterassoziation*, darunter Gustave Flourens, der Freund von Marx' Tochter Jenny, und Charles Longuet, ihr späterer Ehemann. Marx selbst kritisiert ungehalten, dass man in dieser Situation seine Zeit mit Wahlen vergeude, anstatt entschlossen die Macht an sich zu reißen, sich des Schatzes der Bank von Frankreich zu bemächtigen und mit Truppen nach Versailles vorzustoßen. Inzwischen wird die Belagerungssituation unerträglich. Eine Hungerepidemie bricht aus. Bei einem Ausbruchsversuch wird Gustave Flourens gefangen genommen und schließlich erschossen. Als am 21. Mai 50 000 Soldaten aus Versailles in Paris eindringen und die Aufstandsbewegung vernichtend schlagen, ist die Bilanz schrecklich: Aufseiten der *Commune* fallen mehr als 4000 Kämpfer in der Schlacht, weitere 17 000 Pariser und Pariserinnen kommen ums Leben. 270 Menschen werden zum Tod und über 400 zur Zwangsarbeit verurteilt, etwa 7500 werden deportiert.

In der Endphase der Kämpfe ergreift Marx immer entschiedener und immer enthusiastischer Partei für das Experiment der Pariser Aufstandsregierung. So schrieb er etwa am 12. April 1871 an Ludwig Kugelmann:

Welche Elastizität, welche historische Initiative, welche Aufopferungsfähigkeit in diesen Parisern! Nach sechsmonatiger Aushungerung und Verruinierung durch innern Verrat noch mehr als durch den auswärtigen Feind erheben sie sich, unter preußischen Bajonetten, als ob nie ein Krieg zwischen Frankreich und Deutschland existiert habe und der Feind nicht noch vor den Toren von Paris stehe! Die Geschichte hat kein ähnliches Beispiel ähnlicher Größe! (MEW 33, 205)

Für die *Internationale Arbeiterassoziation* verfasst Marx nun eine Adresse, die unter dem Titel *Der Bürgerkrieg in Frankreich* bekannt werden sollte und deren Bedeutung für das Marx'sche Gesamtwerk gar nicht hoch genug veranschlagt werden kann (vgl. dazu TS 345–360). Aufgrund der konkreten Erfahrungen der Pariser *Commune* präzisiert und modifiziert Marx seine Vorstellungen vom Übergang zu einer sozialistischen Gesellschaft, also das, was er andernorts »Diktatur des Proletariats« nennt. Ging Marx früher (im *Kommunistischen Manifest* und noch im *Achtzehnten Brumaire* zum Beispiel) davon aus, dass die Revolutionäre den bestehenden Staatsapparat einfach übernehmen müssten, so wird diese Sichtweise nun ausdrücklich revidiert. Explizit hat dies Engels in einem neuen Vorwort zum *Manifest* formuliert:

[…] *gegenüber den praktischen Erfahrungen, zuerst der Februarrevolution, und noch weit mehr der Pariser Kommune, wo das Proletariat zum ersten Mal zwei Monate lang die politische Gewalt innehatte, ist heute dies Programm stel-*

lenweise veraltet. Namentlich hat die Kommune den Beweis geliefert, dass »die Arbeiterklasse nicht die fertige Staatsmaschine einfach in Besitz nehmen und sie für ihre eignen Zwecke in Bewegung setzen kann« [...]. (MEW 18, 96)

Für Marx war die *Commune* zunächst demokratisch durch Wahlen legitimiert und somit die authentische Vertretung aller Elemente der Gesellschaft. Und er zeigt auf, wie die Staatsmacht, die sich zu einem Unterdrückungsinstrument der Arbeiterklasse entwickelt hatte, nun verändert wird im Dienst der wahren Interessen des Volkes. Marx zählt die institutionellen Reformen auf, mit deren Hilfe man diese Veränderung bewerkstelligte. Dazu gehört zunächst die Beseitigung der repressiven Elemente der alten Ordnung, das heißt die Abschaffung des stehenden Heeres und der politischen Funktion der Polizei. Die Beamten aller Verwaltungszweige sind durch rechenschaftspflichtige und jederzeit abrufbare Vertreter der Arbeiterklasse zu ersetzen. Sie verrichten ihren Dienst gegen ein Entgelt, das einem Arbeiterlohn entspricht. Die Trennung von Kirche und Staat wird konsequent durchgesetzt, und allen wird eine freie Schulbildung garantiert. Problematisch ist allerdings, dass Marx auch lobend hervorhebt, die richterlichen Beamten hätten ihre »scheinbare Unabhängigkeit« verloren und sollten nun gewählt, verantwortlich und absetzbar sein. Beseitigt man damit nicht jene Gewaltenteilung, die ein wesentliches Element jeder demokratischen Ordnung sein muss? Nimmt dies nicht eben jenen Geburtsfehler etwa der russischen Oktoberrevolution vorweg, der letztlich dem Totalitarismus den Weg geebnet hat?

Für heute höchst relevant ist jedenfalls, dass Marx in diesem Text auch konsequent für den Aufbau der gesellschaftlichen Ordnung von unten nach oben eintritt. Möglichst wenige Kompetenzen seien an eine Zentralregierung abzutreten. Diese »basisdemokratische« Auffassung hätte durchaus eine Gesprächsbasis mit seinem alten Gegner Bakunin liefern können.

Im Jahr 1874 zog die Famlie Marx in die Maitland Park Road im Londoner Norden, wo Marx bis zu seinem Tod wohnen sollte.

Die Pariser *Commune* war für Marx nun die bisher am weitesten fortgeschrittene proletarische Revolution, und er bezeichnet sie als die »ruhmvollen Vorboten einer neuen Gesellschaft«, deren historische Bedeutung er in einem Brief an Kugelmann vom 17. April 1871, als das Schicksal der *Commune* noch nicht endgültig besiegelt war, folgendermaßen zum Ausdruck bringt:

Der Kampf der Arbeiterklasse mit der Kapitalistenklasse und ihrem Staat ist durch den Pariser Kampf in eine neue Phase getreten. Wie die Sache auch unmittelbar verlaufe, ein neuer Ausgangspunkt von welthistorischer Wichtigkeit ist gewonnen. (MEW 33, 209)

Die letzte bedeutendere politische Intervention Marx' stellt seine Schrift *Zur Kritik des Gothaer Programms* dar (vgl. dazu TS 361–375), die er selbst zunächst sehr bescheiden als »Randglossen« bezeichnete. Anlass war der Vereinigungsparteitag jener beiden politischen Organisationen, aus denen die deutsche Sozialdemokratie hervorgehen sollte: des von Ferdinand Lassalle gegründeten *Allgemeinen Deutschen Arbeitervereins* und der *Sozialdemokratischen Arbeiterpartei* unter der Führung Wilhelm Liebknechts und August Bebels. Auf dem Vereinigungsparteitag in Gotha im Jahr 1875 beschlossen sie ein gemeinsames Programm, das Marx einer scharfen Kritik unterzog. Doch unabhängig vom Anlass und jenseits dieser Polemik enthält die Schrift Grundsätzliches zu Marx' eigener Vorstellung einer kommunistischen Gesellschaft und des gesellschaftlichen Transformationsprozesses. Marx qualifiziert das Programm als »Heiligsprechung der Lassalle'schen Glaubensartikel« (MEW 19, 13) ab. Lassalle ist also der eigentliche Gegner, mit dem sich Marx hier auseinandersetzt.

Das Verhältnis zwischen Marx und Ferdinand Lassalle war höchst ambivalent. Dazu trug sicher auch der exzentrische Lebensstil Lassalles bei (der von einer Adeligen großzügig unterstützte Lassalle fand seinen Tod bei einem Duell!), doch entscheidend waren letztlich unüberbrückbare politische Differenzen. Bekanntschaft machten beide miteinander bereits während der Revolutionsjahre in Köln bei der *Neuen Rheinischen Zeitung*. Marx setzte sich engagiert für Lassalle ein, als dieser wegen Aufrufs zum bewaffneten Widerstand gegen den Staat in Düsseldorf inhaftiert wurde. Während seiner Londoner Zeit war

Lassalle für Marx eine wichtige Brücke nach Deutschland. Doch die inhaltlichen Gegensätze erwiesen sich als allzu groß. Marx wandte sich z. B. heftig gegen Lassalles »ehernes Lohngesetz«, das im Wesentlichen besagte, aufgrund der demografischen Entwicklung, das heißt der von Thomas Robert Malthus konstatierten ständigen Überbevölkerung, werde der durchschnittliche Arbeitslohn immer nur auf dem Niveau des Existenzminimums verharren. Marx hingegen maß den gewerkschaftlichen Kämpfen, um den Kapitalisten wenigstens einen Teil des Mehrwerts abzutrotzen, erhebliche Bedeutung zu. Ein weiterer Differenzpunkt waren die staatlich geförderten Produktionsgenossenschaften, die für Lassalle ein wichtiges strategisches Element der gesellschaftlichen Transformation bildeten. Dagegen hatte Marx bereits im Zusammenhang der Gründung der *Internationalen Arbeiterassoziation* einerseits die Grenzen von Produktionsgenossenschaften an sich aufgezeigt, sich andererseits aber auch skeptisch zur staatlichen Förderung geäußert, da die Befreiung der Arbeiter nur das Werk der Arbeiter selbst sein könne. Lassalle legte durchaus eine obrigkeits- und nationalstaatliche Orientierung an den Tag. Von Lassalle wurde später bekannt, dass er Geheimverhandlungen mit Bismarck geführt und seine Bereitschaft erklärt hat, ihn zu unterstützen, wenn dieser im Gegenzug ein allgemeines Wahlrecht einführe und die staatliche Förderung von Produktionsgenossenschaften ins Werke setze.

Marx greift in diesem Text noch einmal den Terminus »Diktatur des Proletariats« für die Übergangsphase zwischen kapitalistischer und kommunistischer Gesellschaft auf, ohne ihn jedoch an dieser Stelle näher auszuführen. Wir dürfen deshalb voraussetzen, dass er den Begriff inhaltlich im Sinne seiner Schrift *Der Bürgerkrieg in Frankreich* füllt. Von großer Bedeutung scheint mir allerdings zu sein, dass Marx eine kommunistische Gesellschaft hier ausdrücklich nicht als eine Gesellschaft ohne

Ferdinand Lassalle (1825–1864)

Staat bezeichnet, sondern im Gegenteil die Frage nach dem neuen Verhältnis von Gesellschaft und Staat aufwirft, nach den »staatsanalogen Funktionen« fragt, deren eine kommunistische Gesellschaft weiterhin bedarf. Sowohl orthodoxen »Marxisten« als auch Verfechtern einer anarchistischen Gesellschaftsauffassung möchte man gerne die intellektuelle Redlichkeit wünschen, die Marx hier an den Tag legt.

Marx' Schrift arbeitet sich hier an einem Parteiprogramm ab, und so liegt es in der Natur der Sache, dass er auf eine Reihe von Einzelthemen eingeht, die hier unerörtert bleiben sollen. Entscheidend ist aber, dass der Text einige Schlüsselelemente einer künftigen kommunistischen Gesellschaft in ihren unterschiedlichen Phasen enthält. Sie münden für Marx in jene berühmt gewordene Formel, mit der er das Endstadium des Kommunismus auf den Punkt bringt: *Jeder nach seinen Fähigkeiten, jedem nach seinen Bedürfnissen!*

In mancher Hinsicht korrigiert Marx in dieser späten Schrift auch frühere Positionen. Wenn er etwa gegen Lassalles Auffassung polemisiert, dass es jenseits der Arbeiterklasse lediglich eine reaktionäre Masse gäbe, so entspricht dies seiner vereinfachenden Zuspitzung auf den Gegensatz zwischen Industrieproletariat und Bourgeoisie, wie er sie selbst im *Kommunistischen Manifest* vertreten, später aber deutlich korrigiert hat. Was Marx aber auch in seiner letzten Schrift mit Nachdruck hervorhebt, ist die Produktivkraftentwicklung, die dafür sorgen werde, dass die notwendige Arbeitszeit (das »Reich der Notwendigkeit«, wie es im dritten Band des *Kapital* heißt) immer geringer werde, das »Reich der Freiheit«, das heißt die Zeit, in der sich die Menschen frei entfalten, künstlerisch betätigen usw. können, zunehme. Bis heute knüpfen hier die abenteuerlichsten Blütenträume – etwa eines André Gorz – an, die die mühevolle politische Transformation der Gesellschaft durch ein Vertrauen auf Technikfantasien ersetzen. Unterschlagen wird hierbei, dass die Entwicklung der Produktivkräfte auch mit einer Zunahme der Energieintensität einherging und dass gerade eine ökologisch nachhaltige Gesellschaft in vielen Bereichen (Landwirtschaft, Reparaturgesellschaft etc.) arbeitsintensiver sein wird. Dies alles ist allerdings nicht an Marx' Adresse, sondern vielmehr an die seiner Epigonen zu richten.

Marx' Kritik am Gothaer Programm fand seinerzeit nicht viel Resonanz, da nach dem Zusammenschluss der beiden wichtigsten sozialdemokratischen Strömungen auch die »Eisenacher«, also Liebknecht und Bebel, daran interessiert waren, nach außen hin Einigkeit zu demonstrieren.

Das Ehepaar Marx lebt nun in diesen letzten Jahren in London in der Nähe der beiden verheirateten Töchter Jenny (Longuet) und Laura (Lafargue) sowie der jüngsten Tochter Eleanor. Marx' treue Gefährtin Jenny war ihm zeit seines Lebens nicht nur in Liebe verbunden, sie nahm auch aktiven Anteil an seinem Werk und an seinem praktischen Engagement. Sie schrieb nicht nur viele seiner unleserlichen Manuskripte ins Reine, sie war auch ebenbürtige Diskussionspartnerin und politische Kampfgefährtin. Es wäre anders auch kaum zu verstehen, dass sie die mit Marx' Leben verbundenen Entbehrungen auf sich nahm und solidarisch zu ihm stand. Eleanor, die jüngste Tochter der beiden, schildert in bewegender Weise die starke emotionale Verbundenheit des Ehepaars Marx, wie sie vielfach auch in den erhaltenen Briefen Karls an Jenny bezeugt wird:

Und ich glaube mitunter, dass noch ein Band, fast so stark wie ihre Hingabe an die Sache der Arbeiter, sie zusammenband – ihr unerschöpflicher, unverwüstlicher Humor. Es gibt nicht bald wieder zwei Leute, die so Gefallen fanden an Scherz und Witz wie die zwei. Oft und oft – besonders wenn die Gelegenheit Zurückhaltung erforderte, habe ich sie lachen sehen, dass ihnen die Tränen über die Wangen liefen, und sogar die, welche sich versucht fühlten, die Nase zu rümpfen ob solchen Leichtsinns, konnten nichts andres tun als mitlachen. Wie oft habe ich gesehen, dass sie sich nicht ins Gesicht zu sehen wagten, weil sie wussten, dass ein einziger Blick unstillbares Gelächter entfesseln musste. Die zwei Leute zu sehen, wie sie ihre Blicke auf alles andere richteten, nur nicht aufeinander, mit aller Anstrengung ein Lachen unterdrückend, das zuletzt doch mit elementarer Kraft durchbrach, ist eine Erinnerung, welche ich nicht missen möchte […]. Ja, trotz aller Leiden, Kämpfe und Schwierigkeiten waren sie ein fröhliches Paar, und der verbitterte »Donnergott« ist eine Einbildung der Bourgeoisgehirne. Wenn sie auch in den jahrelangen Kämpfen manch bittere

Enttäuschung, manchen Undank erfuhren, sie hatten doch, was wenige hatten – wahre Freude. (zitiert nach Fromm 1963, 221)

Ab Ende der Siebzigerjahre wird Jenny körperlich zunehmend schwächer. Reisen ans Meer und Kuraufenthalte können ihren Gesundheitszustand nicht verbessern. Bei ihr wird schließlich Leberkrebs diagnostiziert, ab Juli 1881 ist sie ans Bett gefesselt und wird von Helene Demuth aufopfernd gepflegt. Auch bei Karl Marx selbst zeigen sich zunehmend Zeichen des körperlichen Verfalls. Alle Symptome, die er aufweist (blutiger Auswurf, Erbrechen, Atem- und Schluckbeschwerden etc.), deuten auf eine Tuberkulose hin, die er möglicherweise bereits seit seinen Jugendtagen in sich trägt. Dazu kommen noch ein Leberleiden und vermutlich auch ein Schlaganfall. Eleanor erinnert sich auch an diese letzten Tage, die das Ehepaar Marx miteinander verbracht hat, in anrührender Weise:

Nie werde ich den Morgen vergessen, an welchem er sich stark genug fühlte, in Mütterchens Stube zu gehen. Sie waren zusammen wieder jung – sie ein liebendes Mädchen und er ein liebender Jüngling, die zusammen ins Leben eintreten – und nicht ein von Krankheit zerrütteter alter Mann und eine sterbende alte Frau, die fürs Leben voneinander Abschied nehmen. (zitiert nach Sperber 2013, 545)

Jenny stirbt schließlich am 2. Dezember 1881. Zuletzt konnten nur noch hohe Dosen Morphium ihre Schmerzen lindern. Karl Marx ist zu krank, um an ihrer Beisetzung teilzunehmen. Ihr Schwiegersohn Charles Longuet setzte ihr in seinen Erinnerungen ein schönes Denkmal:

Niemand hatte einen solchen Sinn für Gleichheit wie sie, obwohl sie doch in einer deutschen Aristokratenfamilie geboren und aufgewachsen ist. Für sie gab es keine Unterschiede und gesellschaftlichen Klassifizierungen. In ihrem

Haus empfing sie die Arbeiter in ihrer Arbeitskleidung mit derselben zuvorkommenden Höflichkeit bei Tisch, als wären es Fürsten gewesen. [...] *Sie hatte alles verlassen, um ihrem Karl zu folgen, und niemals, selbst in den Tagen der größten Entbehrungen, hat sie bereut, was sie getan hatte.* (zitiert nach Attali 2005, 407–408)

Karl ist seit Jennys Tod – er wird sie nur um etwas mehr als ein Jahr überleben – ein gebrochener Mann. Aufgrund seines Gesundheitszustands empfehlen ihm die Ärzte Mittelmeerklima, und so macht sich Marx schließlich auf die letzte große Reise seines Lebens nach Algerien. Das erste Mal überhaupt verlässt er Europa. Von seinem Schwiegersohn Charles Longuet hatte er die Adresse eines Freundes, des Richters Albert Fermé, bekommen, der sich als Begleitung für Karl Marx zur Verfügung stellt. Die Hauptstadt der französischen Kolonie zählt damals 75 000 Einwohner. Im Süden des Landes stehen Hinrichtungen auf der Tagesordnung, Vieh wird beschlagnahmt, Dörfer werden niedergebrannt. Karl Marx bekommt von alledem nichts mit. Ebenso scheint er die Aufstände in Oran seit dem Sommer 1881, die sich bis Mai 1883 hinziehen sollten und während des gesamten Aufenthalts von Karl Marx an der Grenze zu Marokko toben, nicht zur Kenntnis zu nehmen. Marx verbringt die meiste Zeit in seinem Hotelzimmer. Der Richter Fermé erläutert ihm die Situation des Landes aus seiner, kolonialistisch gefärbten, Sicht, die Marx nicht immer kritisch genug zu hinterfragen scheint.

Nach seiner Rückkehr erfährt er, dass seine Tochter Jenny inzwischen schwer erkrankt ist. Am 11. Januar 1883 erliegt sie, noch nicht 39 Jahre alt, ihrem Blasenkrebsleiden.

Am 14. März, nachmittags, um Viertel vor Drei, hat der größte lebende Denker aufgehört zu denken. Wir hatten ihn kaum zwei Minuten allein gelassen und fanden ihn beim Eintreten in seinem Sessel ruhig entschlummert – für immer. (zitiert nach Kern 2010, 168)

Die letzte Ruhestätte von Karl und Jenny Marx auf dem Londoner Friedhof Highgate

So beginnt Friedrich Engels seine Rede auf Marx' Beerdigung am 17. März. Neben seiner Frau wird Karl Marx auf dem Highgate-Friedhof beigesetzt. Elf Personen nehmen an der Beerdigung teil: seine zwei noch lebenden Töchter Laura und Eleanor, seine Schwiegersöhne, Paul Lafargue, der gerade aus dem Gefängnis kommt, und Charles Longuet, Helene Demuth und sechs weitere treue Gefährten.

Engels hebt in seiner Grabrede insbesondere zwei Aspekte von Marx' theoretischem Werk hervor: die Aufdeckung der Bewegungsgesetze des Kapitals, das heißt der inneren Logik des Kapitalverwertungsprozesses, ausgehend von der Mehrwertlehre, und seinen »historischen Materialismus«. Allerdings scheinen bereits in dieser Würdigung des Toten das Missverstehen und die Entstellung seines theoretischen Vermächtnisses auf. Engels vergleicht diese theoretischen Entdeckungen Marx' mit Darwins Evolutionstheorie, deutet sie also naturalistisch und mithilfe der Analogie der Naturwissenschaften, im positivistischen Geist der Zeit. Man lese dazu nur Engels' Vorwort zum zweiten Band des *Kapital* (MEW 24, 21–23), wo er sich recht fragwürdiger Analogien aus der Chemie (Verbrennungsprozess) bedient, um Marx' Mehrwerttheorie zu erläutern. Mit seinem äußerst einflussreichen »Anti-Dühring« (*Herrn Eugen Dührings Umwälzung der Wissenschaft*) hat Engels die Rezeption des Marx'schen Werkes in diesem positivistischen Sinne vorgegeben. Marx selbst war diese Auffassung völlig fremd. Er war allzu sehr an Hegels Denken geschult, um Gesellschaft und Ökonomie in dieser positivistischen Weise, als objektiven Gegenstand, zu denken. Er war sich stets der besonderen Subjekt-Objekt-Dialektik bewusst, wenn man sich der Gesellschaft und ihrer »Anatomie«, der Ökonomie, zuwendet: Der Untersuchende gehört ja selbst dem Gegenstand der Untersuchung an und kann deshalb vom eigenen gesellschaftlichen Standpunkt gar nicht abstrahieren, muss ihn vielmehr in der Methode selbst bereits mitreflektieren!
Zutreffend aber begreift Engels das theoretische Werk des Karl Marx als Teil seines Kampfes um gesellschaftliche Veränderung, als theoretisches Moment einer emanzipatorischen Praxis:
Denn Marx war vor allem Revolutionär. Mitzuwirken, in dieser oder jenen Weise, am Sturz der kapitalistischen Gesellschaft und der durch sie geschaffenen staatlichen Institutionen, mitzuwirken an der Befreiung des moder-

nen Proletariats, dem er selbst zuerst das Bewusstsein der Bedingungen seiner Emanzipation gegeben hatte – das war sein wirklicher Lebensberuf. (Kern 2010, 169)

Er lässt nun die einzelnen Stationen dieser praktischen Tätigkeit Karl Marx' von der Redaktionstätigkeit für die *Rheinische Zeitung* bis zur Gründung der *Internationalen Arbeiterassoziation* Revue passieren, um dann zu schließen:

Und deswegen war Marx der meistgehasste und meistverleumdete Mann seiner Zeit. Regierungen, absolute wie republikanische, wiesen ihn aus, Bourgeois, Konservative wie Extrem-Demokratische logen ihm um die Wette Lästerungen nach. Er schob das alles beiseite wie Spinnweb, achtete dessen nicht, antwortete nur, wenn äußerster Zwang da war. Und er ist gestorben, verehrt, geliebt, betrauert von Millionen revolutionärer Mitarbeiter, die von den sibirischen Bergwerken an über ganz Europa und Amerika bis Kalifornien hin wohnen, und ich kann es kühn sagen: Er mochte noch manchen Gegner haben, aber kaum noch einen persönlichen Feind. Sein Name wird durch die Jahrhunderte fortleben und so auch sein Werk! (Kern 2010, 170)

ZUR WEITEREN VERTIEFUNG

Bewusst habe ich in diesem Text auf jeden wissenschaftlichen Apparat verzichtet – ein unnötig schweres Gepäck, wenn man sich auf die Spuren eines Denkers begibt, der wie kein anderer das jüngere Zeitgeschehen beeinflusst hat. Umso wichtiger sind hier einige Wegweiser für alle, die die Reise fortsetzen und tiefer ins oftmals unwegsame Gelände eindringen wollen. So will ich zunächst auf die im Literaturverzeichnis erwähnten ausführlicheren Biografien hinweisen. Die erste Biografie überhaupt, die bis heute eine Hauptquelle für alle späteren darstellt, ist die von *Franz Mehring*. Obwohl sich Mehring selbst als »Marxist« verstand, hat er hier alles andere als eine Hagiografie verfasst, im Gegenteil: Zuweilen geht er recht scharf mit Marx ins Gericht, etwa was dessen Verhältnis zu Ferdinand Lassalle angeht. Ein nicht dem Autor anzulastendes Defizit besteht natürlich darin, dass zur Zeit der Abfassung Etliches noch nicht bekannt war. So etwa hatte Mehring noch keine Kenntnis von den *Pariser Manuskripten*. Davon abgesehen ist aber gerade die Erläuterung bestimmter Texte von Marx eine Stärke dieser Biografie. Die Besprechung des zweiten und dritten Bandes des *Kapital* stammt von keiner Geringeren als Rosa Luxemburg. Eine jüngere ausführliche Biografie ist die des US-amerikanischen Historikers *Jonathan Sperber*, eines ausgewiesenen Spezialisten für das europäische 19. Jahrhundert, näherhin für die Revolution der Jahre 1848/49. Jenseits aller ideologischen Grabenkämpfe will Sperber Marx vor allem als Protagonisten seines Jahrhunderts mit all seinen Widersprüchen darstellen. Was überzeugt, ist die solide Kenntnis der Marx'schen Schriften und der nachfolgenden Debatten um bestimmte Marx'sche Thesen und Theorien. Leider nicht ins Deutsche übersetzt ist die auf Französisch verfasste, sehr gut lesbare Biografie von *Jacques Attali*, die sich allerdings gewisser psychologisierender Tendenzen nicht ganz enthalten kann.

Wer sich mit dem theoretischen Werk des Karl Marx auseinandersetzen will, wird zunächst etwas hilflos vor den 40 Bänden der *MEW* oder gar der auf 100 Bände angelegten *MEGA* stehen und sich fragen: Womit beginnen? Was ist eigentlich wichtig? Genau hierfür wurde das *Marx-Lesebuch* konzipiert (Karl Marx, Texte – Schriften. Ausgewählt, eingeleitet und kommentiert von Bruno Kern, Wiesbaden 2015). Auf knapp 400 Seiten gibt es die wichtigsten Texte von Karl Marx ganz oder in Auszügen wieder und versieht diese mit einleitenden Kommentaren zur besseren Einordnung. Damit wurde ein hervorragendes Hilfsmittel für alle geschaffen, die sich nicht damit begnügen wollen, Marx nur in Bruchstücken aus zweiter Hand zu kennen. Die Originalzitate von Karl Marx im vorliegenden Buch sind deshalb konsequent aus dieser Textsammlung zitiert (mit »TS«). Die Sammlung wurde bewusst als Lesebuch konzipiert, um die stilistische Eleganz und die Komposition der Marx'schen Texte zu vermitteln und diese nicht unnötig zu zerstückeln. Register und Querverweise machen es aber auch zu einem sehr gut handhabbaren Arbeitsbuch.

Hingewiesen sei auch noch auf eine kleine, thematisch geordnete Sammlung kurzer Sentenzen von Karl Marx (Karl Marx, Der kleine Marx, Wiesbaden 2016), die Kostproben bieten soll, die den Appetit anregen.

Ein wichtiger Aspekt des Denkens von Karl Marx ist seine radikale Religionskritik. Wer zu diesem Thema eine sehr gründliche, aber dennoch gut lesbare Auseinandersetzung sucht, den darf ich auf mein eigenes Buch verweisen (Bruno Kern, »Es rettet uns kein höh'res Wesen«? Zur Religionskritik von Karl Marx – ein solidarisches Streitgespräch, Ostfildern 2017).

ZEITTAFEL ZU KARL MARX

1818 Am 5. Mai wird Karl Marx als drittes von insgesamt neun Kindern des Ehepaars Heinrich und Henriette Marx geboren. Beide Eltern entstammen Rabbinerfamilien. Der Vater arbeitet in Trier als freier Anwalt.

1824 Im elterlichen Haus empfängt der sechsjährige Karl zusammen mit drei seiner Geschwister die evangelische Taufe, nachdem sein Vater bereits zwischen 1817 und 1819 zum Protestantismus übergetreten war.

1835 Im Oktober immatrikuliert sich der siebzehnjährige Karl Marx an der Universität Bonn und beginnt das Jurastudium.

1836 Marx setzt das Studium in Berlin fort, wo sein Interesse an der Philosophie erwacht. Er ist bald einer der führenden Köpfe des Doktorclubs, eines Zirkels linkshegelianischer Denker. Bruno Bauer wird sein großer geistiger Mentor.

1837 Mit Erlaubnis des Vaters wechselt Marx das Studienfach und widmet sich nun ganz der Philosophie.

1841 In Jena wird Marx mit einer Arbeit über Demokrit und Epikur zum Doktor der Philosophie promoviert.

1842 Marx wird Mitarbeiter und bald darauf (öffentlich nicht genannter) leitender Redakteur der *Rheinischen Zeitung* und stellt zum ersten Mal sein außerordentliches schriftstellerisches Talent unter Beweis. In diese Zeit fällt auch seine erste Begegnung mit Moses Heß, der ihn wohl zum ersten Mal mit sozialistischem Gedankengut konfrontiert. Auch als Journalist muss er sich mit sozialen Themen auseinandersetzen, so etwa mit dem Phänomen des Holzdiebstahls oder mit der Situation der Moselwinzer.

1843 Die *Rheinische Zeitung* stellt im März ihr Erscheinen ein. Marx plant mit Arnold Ruge die Herausgabe der *Deutsch-Französischen Jahrbücher*. Der Kontrakt bietet ihm die nötige finanzielle Sicherheit, um im Juni endlich, nach siebenjähriger Verlobungszeit, die um vier Jahre ältere Jenny von Westphalen heiraten zu können. Die Hochzeit findet in Bad Kreuznach statt. Im Oktober siedelt das Paar nach Paris um. Hier kommt es auch zur Begegnung mit Friedrich Engels, mit dem ihn eine lebenslange Freundschaft und Zusammenarbeit verbinden sollte. Die wichtigsten Schriften aus diesem Jahr sind seine Aufsätze *Zur Judenfrage* und *Zur Kritik der Hegel'schen Rechtsphilosophie*.

1844 Marx beschäftigt sich zum ersten Mal intensiv mit der Ökonomie. Daraus entstehen die *Philosophisch-ökonomischen Manuskript*e, auch als *Pariser Manuskripte* bekannt, die aber erst lange nach dem Tod von Karl Marx, in den 1930er-Jahren, zunächst in russischer Sprache publiziert werden.

1845 Marx wird auf Druck der preußischen Regierung wegen seiner Mitarbeit am *Vorwärts!* aus Frankreich ausgewiesen und zieht nach Brüssel um. Sein Leben als heimatloser Exilant wird bis zu seinem Tod andauern. Im Frühjahr 1845 kommt auch Engels nach Brüssel. In dieser Zeit entsteht neben einer Auseinandersetzung mit Pierre Proudhon (*Das Elend der Philosophie*) und *Die Heilige Familie* (eine kritische Auseinandersetzung mit den Junghegelianern) vor allem die (zu Lebzeiten von Marx unveröffentlichte) *Deutsche Ideologie*, in der Marx und Engels ihren »historischen Materialismus« formulieren. Auch die von Engels erst nach Marx' Tod aufgefundenen *Thesen über Feuerbach* stammen aus dieser Zeit.

1848 Aufbauend auf Vorarbeiten Engels' verfasst Marx im Februar im Auftrag des *Bundes der Kommunisten* das *Manifest der Kommunistischen Partei*, das weltweit äußerst einflussreich werden sollte. Im März wird Marx aus Belgien ausgewiesen. Er nutzt seine guten Verbindungen nach Köln und gründet dort die *Neue Rheinische Zeitung*, ein wichtiges Organ, das der Aufstandsbewegung politische Orientierung geben sollte.

1849 Im Februar wird Marx in Köln wegen Anstiftung zum Aufstand und Widerstands gegen die Staatsgewalt der Prozess gemacht. Mit seiner staunenswerten Verteidigungsstrategie erwirkt er einen überraschenden Freispruch.

1850 Marx geht ins Londoner Exil und wird dort bis zu seinem Tod bleiben. Vor allem die ersten Jahre in London sind von finanzieller Not geprägt. Nur regelmäßige Zuwendungen Friedrich Engels', der in England das Textilgeschäft seines Vaters führt, halten ihn über Wasser. Erst die Arbeit als Korrespondent der *New-York Daily Tribune*, der damals weltweit wichtigsten Tageszeitung, verschafft ihm ein geregeltes und ausreichendes Einkommen. Das Ehepaar Marx hat in dieser Zeit auch den Tod zweier Kinder im Säuglingsalter (Guido Heinrich und Franziska) sowie des kleinen Edgar (»Musch«) im Alter von acht Jahren zu verkraften. Es verbleiben ihnen die Töchter Jenny (»Jennychen«), Laura und Eleanor.
Nach den Erfahrungen der gescheiterten Revolution geht Marx dezidiert davon aus, dass ein gesellschaftlicher Umbruch nur unter der Voraussetzung einer ökonomischen Krise stattfinden kann. Konsequenterweise vertieft er sich vor allem in das Studium der Ökonomie. Die Bibliothek des British Museum wird zu seinem festen Arbeitsplatz. Neben der Ökonomie gehören aber auch die Physik, die Chemie, die Biologie sowie die technischen Entwicklungen seiner Zeit zu den Gegenständen seines intensiven Interesses.

1852 In seiner Schrift *Der Achtzehnte Brumaire des Louis Bonaparte* setzt sich Marx mit dem Regime Napoleons III. auseinander. Über den unmittelbaren Anlass hinaus hat diese Schrift jedoch sehr grundsätzliche Bedeutung für das Verständnis von geschichtlichen Prozessen.

1857–1858 In dieser Zeit entstehen die *Grundrisse der Kritik der politischen Ökonomie*, eine umfangreiche Vorarbeit zum *Kapital*, in der Marx unter anderem seine dialektische Methode eingehend erläutert.

1859 Im Vorwort zu seiner Schrift *Zur Kritik der politischen Ökonomie* zieht Marx eine aufschlussreiche Bilanz seines Denkweges und bekräftigt noch einmal in sehr präzisen Formulierungen seinen »historischen Materialismus«.

1864 Im September findet in der Londoner St. Martins Hall eine Versammlung statt, zu der vor allem britische Gewerkschaften und französische Arbeitervereinigungen eingeladen haben. In der Hauptsache geht es um Solidarität mit dem von Russland besetzten Polen. Die Versammlung beschließt die Gründung einer *Internationalen Arbeiterassoziation*, die im Rückblick später die *Erste Internationale* genannt werden sollte. Karl Marx, bis dahin eher zurückhaltend, was das praktische Engagement betrifft, verfasst die *Statuten* und schreibt eine *Inauguraladresse.*

1867 Von schmerzhaften Krankheiten geplagt, kann Marx dennoch den ersten Band seines Hauptwerkes, *Das Kapital*, veröffentlichen. Die beiden weiteren Bände wird Engels erst nach Marx' Tod in akribischer Aufarbeitung seiner Manuskripte herausgeben können.

1871 Der Pariser *Commune*, dem blutig niedergeschlagenen Experiment der Arbeiterselbstverwaltung in Paris im Anschluss an den Deutsch-Französischen Krieg, widmet Marx seine Schrift *Der Bürgerkrieg in Frankreich*, in der er ausgehend von dieser historischen Erfahrung etliche seiner früheren Positionen erheblich revidiert.

1875 Der von Ferdinand Lassalle gegründete *Allgemeine Deutsche Arbeiterverein* und die *Sozialdemokratische Partei* unter der Führung von Wilhelm Liebknecht führen im thüringischen Gotha einen »Vereinigungsparteitag« durch – den Gründungsakt der deutschen Sozialdemokratie. Marx bezieht dazu ausführlich Stellung in seiner letzten bedeutenderen politischen Intervention, der Schrift *Zur Kritik des Gothaer Programms.* Er setzt sich darin in scharfem polemischem Ton vor allem kritisch mit den Positionen Lassalles auseinander.

1881 Am 2. Dezember stirbt Jenny Marx an einem Krebsleiden. Marx ist zu dieser Zeit selbst bereits schwer krank und kann nicht an der Beerdigung teilnehmen.

1882 Marx verbringt drei Monate in Algerien. Zum ersten Mal überhaupt hält er sich außerhalb von Europa auf.

1883 Im Januar stirbt die älteste Tochter von Karl Marx, »Jennychen«, noch keine 40 Jahre alt, an einem Krebsleiden. Karl Marx selbst leidet zu dieser Zeit schon stark an einer Erkrankung der Atemwege (wahrscheinlich die Folge einer verschleppten Tuberkulose) sowie an Lähmungserscheinungen, für die wahrscheinlich ein Schlaganfall verantwortlich ist. Am 14. März schläft er friedlich für immer auf seinem Lehnstuhl ein. Am 17. März wird er beigesetzt. Sein Freund Friedrich Engels hält die Grabrede.

1 Das Geburtshaus von Karl Marx, Karl-Marx-Museum

In der Brückenstraße 10 steht heute noch das Haus, in dem Karl Marx als drittes von insgesamt neun Kindern des Ehepaars Heinrich (Herschel) und Henriette Marx geboren wurde. Bis Oktober 1819 lebte die Familie Marx hier zur Miete. Gebaut wurde das Haus bereits im 16. Jahrhundert, Anfang des 18. Jahrhunderts wurde es wesentlich verändert und 1875 nochmal um eine zusätzliche Etage erweitert. Die barocke Grundsubstanz ist heute noch gut erkennbar. Lange Zeit war das Haus in Vergessenheit geraten, bis man im Jahr 1904 eine Umzugsannonce von Heinrich Marx fand. Diese Zufallsentdeckung war der Beginn der heutigen Nutzung. Die SPD kaufte das Haus im Jahr 1928 auf und ließ es vom Trierer Architekten Gustav Kasel restaurieren. Während der nationalsozialistischen Herrschaft war es zwangsenteignet, und erst im Jahr 1947 konnte es seiner heutigen Bestimmung als einziges Karl Marx gewidmetes Museum überhaupt zugeführt werden! Seit 1968 ist es der parteinahen Friedrich-Ebert-

• Das Geburtshaus von Karl Marx, Karl-Marx-Museum

Stiftung zugeeignet und dient seither als Forschungsstelle, als Zentrum für die Bildungsarbeit und als publikumsorientiertes Museum. Es ist unter anderem ein hervorragendes Dokumentationszentrum der deutschen Arbeiterbewegung. Die Ausstellung widmet sich der Person, dem Leben, dem Werk und den Zeitgenossen von Karl Marx, bezieht aber auch seine Wirkungsgeschichte bis in die Gegenwart mit ein. Natürlich ließ es sich auch Erich Honecker nicht nehmen, bei seinem Staatsbesuch im Jahr 1987 das Geburtshaus von Karl Marx aufzusuchen. Aktuelle Informationen über Sonderausstellungen, Öffnungszeiten etc. sind verfügbar auf: www.fes.de/marx/.

2 Das Wohnhaus der Familie Marx

In der heutigen Simeonstraße Nr. 8 verbrachte Karl Marx seine gesamte Kindheit und Jugend bis zu seinem Studienbeginn im Jahr 1835. Heinrich Marx kaufte das Haus im Oktober 1819 von einem Anwaltskollegen auf Ratenzahlung. In diesem Haus kamen die meisten von Karl Marx' Geschwistern zur Welt, hier

• Wohnhaus der Familie Marx

starb sein jüngster Bruder Eduard im Jahr 1837 und auch sein Vater ein Jahr darauf. In diesem Haus empfing Karl Marx zusammen mit mehreren Geschwistern die evangelische Taufe, und in diesem Haus erhielt er wahrscheinlich auch seinen ersten Unterricht durch den Vater. (Die meisten Biografen gehen davon aus, dass Karl Marx keine Grundschule besucht hat, sondern Hausunterricht erhielt.) Henriette Marx hat das Haus vermutlich Anfang der 1850er-Jahre verkauft.

Die Informationen über Marx' Kindheit sind eher mit Vorsicht zu genießen. Marx' Tochter Eleanor gibt die Meinung ihrer Tanten wieder, die behaupteten, der kleine Karl sei als Kind ein furchtbarer Tyrann gewesen. Das Verhältnis zu den Schwestern war nicht nur durch Erbstreitigkeiten belastet, sondern insbesondere seine Schwester Luise hatte eine Abneigung gegenüber ihrem Bruder wegen dessen kommunistischer Gesinnung. Einigermaßen abwegig ist es vor allem, aus solchen zweifelhaften Überlieferungen über die Kindheit des Karl Marx psychologische Schlüsse zu ziehen, die imstande wären, seine

• Die Karl-Marx-Straße heute

Person und sein Werk zu diskreditieren. Leider hat es auch daran im Zuge der Auseinandersetzung mit Marx nicht gefehlt.
Besser wissen wir Bescheid über die ersten Bildungseindrücke, die Karl Marx durch den ganz vom Geist der Aufklärung geprägten Vater erhielt. Er machte den jungen Karl unter anderem mit Voltaire von früher Jugend an vertraut. Zum Vater hatte Marx ein sehr inniges Verhältnis und bis zu dessen Lebensende hat er ein Foto von ihm in seiner Rocktasche bei sich getragen. Ein besonders beeindruckendes Zeugnis von dieser engen Verbindung zwischen Vater und Sohn ist der ausführliche Brief von Karl Marx an den Vater vom 10. November 1837, in dem er ihn um die Erlaubnis zum Studienfachwechsel bittet – die ihm der Vater ohne Weiteres gewährt – und ausführlich über seine geistige Entwicklung berichtet (TS 377–381 / MEW 40, 3–10).

❸ Karl-Marx-Straße

Die Verlängerung der Brückenstraße, in der sich das Karl-Marx-Haus befindet, wurde im Jahr 1947 nach dem großen Sohn der Stadt, Karl Marx, benannt. Heute ist die im Stadtteil Mitte-Gartenfeld gelegene Straße Bestandteil eines beliebten Ausgeh- und Vergnügungsviertels. Aber auch die teilweise unter Denkmalschutz stehenden Gebäude mit ihren teils historisierenden Fassaden sind sehenswert, darunter das aus der Barockzeit stammende Haus »Im Herrgöttchen« mit einem schönen Bildstock. Unmittelbar biografischen Bezug zu Karl Marx hat das »Haus Venedig«, ein Hotel, in dem Marx bei seinen späteren Aufenthalten in Trier zwischen 1842 und 1863 übernachtete.

❹ Das Wohnhaus des Barons Ludwig von Westphalen

In der Neustraße 83 wohnte Baron Ludwig von Westphalen mit seiner Familie. Marx ging im Haus derer von Westphalen ein und aus und dem Baron verdankte er vielfache geistige Anregungen. Er wurde bei ihm mit Homer, Cervantes, Shakespeare, Goethe und vielen anderen Schätzen der Literatur- und Geistesgeschichte vertraut gemacht. Wie wichtig Baron von Westphalen für den jungen Marx war, kommt nicht zuletzt darin zum Ausdruck, dass er seinem späteren Schwiegervater seine Doktorarbeit widmete.

Der Wortlaut dieser Widmung ist ein bewegendes Zeugnis für die geistige Vaterschaft, die Marx empfand:

Seinem teuern väterlichen Freunde, dem Geheimen Regierungsrate Herrn Ludwig von Westphalen zu Trier widmet diese Zeilen als ein Zeichen kindlicher Liebe der Verfasser. Sie verzeihen, mein teurer väterlicher Freund, wenn ich Ihren mir so lieben Namen einer unbedeutenden Broschüre vorsetze. Ich bin zu ungeduldig, eine andere Gelegenheit abzuwarten, um Ihnen einen kleinen Beweis meiner Liebe zu geben. Möchten alle, die an der Idee zweifeln, so glücklich sein als ich, einen jugendstarken Greis zu bewundern, der jeden Fortschritt der Zeit mit dem Enthusiasmus und mit der Besonnenheit der Wahrheit begrüßt und mit jenem überzeugungstiefen, sonnenhellen Idealismus, der allein das wahre Wort kennt, vor dem alle Geister der Welt erscheinen, nie vor den Schlagseiten der retrograden Gespenster, vor dem oft finstern Wolkenhimmel der Zeit zurückbebte, sondern mit göttlicher Energie und männlich-sicherm Blick stets durch alle Verpuppungen hindurch

• Die heutige Neustraße, in der sich das Wohnhaus des Barons von Westphalen befand.

• Gedenktafel am Gebäude der Paxbank, Weberbach 65-67

das Empyreum schaute, das im Herzen der Welt brennt. Sie, mein väterlicher Freund, waren mir stets ein lebendiges exemplum ad oculos, dass der Idealismus keine Einbildung, sondern eine Wahrheit ist […] (MEW 40, 260).

Einer der Söhne des Barons, Edgar von Westphalen, war der engste Jugendfreund von Karl Marx und für kurze Zeit auch in Brüssel sein Kampfgefährte im *Korrespondenzkomitee*, einem Versuch der europäischen Vernetzung von Kommunisten. Vor allem aber heiratete Marx 1843 nach langer Verlobungszeit eine Tochter des Barons, die um vier Jahre ältere Jenny von Westphalen. Bis zu ihrem Tod war sie nicht nur seine Ehefrau, sondern sie nahm auch aktiv an seinem politischen Kampf und an seinem theoretischen Werk teil. Ein Sohn des Barons jedoch, Jennys Halbbruder Ferdinand, machte eine gänzlich andere Karriere und wurde schließlich als Innenminister der preußischen Regierung einer der Gegner von Karl Marx!

5 Ehemalige jüdische Synagoge

An den Standort der jüdischen Synagoge zur Zeit von Karl Marx erinnert heute nur noch eine Gedenktafel am Gebäude der Paxbank, Weberbach 65-67. Die jüdische Gemeinde in Trier geht vermutlich bis ins 9. Jahrhundert zurück. Das Trierer Judenviertel befand sich zunächst am Hauptmarkt, und erst 1761 konnte die jüdische Gemeinde in der Weberbach ein zweistöckiges Wohnhaus erwerben, dessen Erdgeschoss bis 1867, das heißt bis zur Einweihung der Synagoge am Zuckerberg, als Gotteshaus diente. Beide Eltern von Karl Marx stammten aus altehrwürdigen Rabbinergeschlechtern, und sein Onkel väterlicherseits, Samuel Marx, war bis 1827 der Rabbiner von Trier. Karls Vater, Heinrich (Herschel) Marx, hatte zwar den Bezug zur Religion seiner Väter verloren und sie gegen eine aufklärerische Religiosität eingetauscht, blieb aber seinen Glaubensgenossen und seiner Familie gegenüber stets loyal. Der junge Karl hat die jüdische Religion vermutlich von seiner frommen Mutter Henriette vermittelt bekommen, sie blieb ihm aber fremd, ja, mehr noch, die archaischen Riten des Judentums scheinen ihn eher abgestoßen zu haben. Als eine seiner Töchter ihre familiären Wurzeln näher erkunden wollte und sich in diesem Zusammenhang auch intensiver mit dem Judentum zu beschäftigen begann, reagierte Marx mit Unverständnis und Befremden darauf. Marx allerdings mit antisemitischen Tendenzen in Verbindung zu bringen ist grober Unsinn bzw. Unkenntnis. In seiner Schrift *Zur Judenfrage* ging es, wie oben bereits gezeigt (S. 40 f.), um viel Grundsätzlicheres als um die spezielle Rolle des Judentums. Im Zusammenhang seiner Polemik gegen politische Gegner (insbesondere gegen Ferdinand Lassalle) hat sich Marx gelegentlich zur Verwendung von Spottnamen hinreißen lassen, die den jüdischen Jargon imitierten. Aber selbst daraus lassen sich beileibe keine antisemitischen Neigungen ableiten. Natürlich war Marx Hegelianer genug, um das Christentum als die geschichtlich notwendige Höherentwicklung der Religion aufzufassen, und aus diesem Grund arbeitet sich denn auch seine Religionskritik am Christentum, und nicht am Judentum, ab.

6 Das Friedrich-Wilhelm-Gymnasium

Heute noch befindet sich in der Olewiger Straße 2 der Neubau des Friedrich-Wilhelm-Gymnasiums, dessen berühmtester Schüler ohne Zweifel Karl Marx war. Das Bild zeigt den alten Standort des Gymnasiums in der Jesuitenstraße 13. Das Gebäude wurde im Zweiten Weltkrieg zerstört, das Haus, das sich heute dort befindet, diente bis vor Kurzem als Priesterseminar der Diözese Trier. Die Lehranstalt zählt zu den ältesten Gymnasien Deutschlands überhaupt. Sie wurde zunächst im Jahr 1561 als Jesuitenschule gegründet, stand Ende des 18. Jahrhunderts unter der Aufsicht des Trierer Kurfürsten und wurde unter der französischen Herrschaft zur *École centrale* bzw. zum *Collège*. Als nach dem Wiener Kongress das Rheinland Preußen zufiel, wurde daraus ein königlich-preußisches Gymnasium. Den Namen Friedrich-Wilhelm-Gymnasium (nach Friedrich Wilhelm III.) erhielt es allerdings erst wesentlich später. Der Besuch eines Gymnasiums war im Gegen-

• Der alte Standort des Friedrich-Wilhelm-Gymnasiums

satz zu heute nur einer kleinen Elite der Bevölkerung vorbehalten. Die Bildung, die Marx dort empfing, hatte schwerpunktmäßig die alten Sprachen, Latein und Altgriechisch, zum Gegenstand. Als dritte Fremdsprache wählte Marx bezeichnenderweise nicht, wie viele seiner Mitschüler, Hebräisch, sondern Französisch, die Sprache des Code civil. Zeit seines Lebens hat sich Marx in den Sprachen Altgriechisch und Latein wie selbstverständlich bewegt, hat die antiken klassischen Autoren im Original gelesen und in seiner Studienzeit zum Teil selbst übersetzt. Eine prägende Gestalt in Marx' Jugend war auch der Philosophielehrer und Direktor des Gymnasiums, Johann Hugo Wyttenbach. Er war zuvor ein begeisterter Anhänger der Französischen Revolution gewesen und wurde deshalb trotz seines loyalen Verhaltens der neuen Regierung gegenüber von den preußischen Behörden misstrauisch beäugt. So warf man ihm etwa vor, liberale Ansichten im Lehrkörper zu tolerieren und etwa im Naturkundeunterricht Abweichungen von der biblischen Schöpfungslehre hinzunehmen. Ihm wurde schließlich ein Ko-Direktor zur Seite gestellt, dem der Abiturient Marx dann aus Protest und zum Zeichen der Solidarität mit Wyttenbach den üblichen Abschiedsbesuch verweigerte.

7 Kasino am Kornmarkt

Im Trierer Kasino war Heinrich Marx an einem Vorfall beteiligt, der sicherlich nicht ohne Eindruck auf den jungen Karl blieb. Heinrich Marx hatte bereits im Jahr 1820 zusammen mit einigen Freunden – darunter der Gymnasialdirektor Wyttenbach – den sogenannten Kasino-Club gegründet, einen Diskussionszirkel des aufgeklärten Bürgertums der Stadt. Man setzte sich dort mit den aufregenden technischen Erfindungen der Zeit, aber auch mit politischen Entwicklungen auseinander, so etwa mit der in der Nähe von New York von Robert Owen gegründeten, ausdrücklich als »sozialistisch« bezeichneten Gemeinschaft »New Harmony«. Aufsehen erregte Heinrich Marx, als er anlässlich der Wahl einiger liberaler Abgeordneter einen sarkastischen Toast auf die preußische Regierung ausbrachte. Zum Eklat kam es aber beim Stiftungsfest am 25. Januar 1834, als eine Gruppe von etwa 15 Mitgliedern des Kasino-

Clubs, darunter auch Heinrich Marx, offenbar in bereits alkoholisiertem Zustand revolutionäre Lieder, darunter die Marseillaise, abzusingen begann und Taschentücher in den Farben der französischen Trikolore schwenkte. Ein preußischer Offizier meldete den Vorfall. Das Kasino wurde daraufhin aufgelöst und durch zwei gesellige Clubs ersetzt. Dem einen davon, der sich aus respektablen Bürgern Triers zusammensetzte, gehörte wiederum Heinrich Marx an.

8 Die Marx-Figuren von Ottmar Hörl

Im Jahr 2013, anlässlich des 130. Todestags bzw. 195. Geburtstags von Karl Marx, hatte der Nürnberger Künstler Ottmar Hörl eine ganz besondere Idee. Auf dem Porta-Nigra-Platz schuf er eine Installation, bestehend aus insgesamt 500 Marx-Figuren in der Größe von einem Meter, in vier verschiedenen Rottönen, aber immer in derselben Pose – das Kunstwerk war höchst umstritten. Hörl ist bekannt für seine Provokationen. Einmal etwa

• Kasino am Kornmarkt

installierte er ein Heinzelmännchen, das den Arm zum Hitlergruß erhebt. Wollte sich der Künstler mit seinen possierlichen Marxfiguren über den großen Denker lustig machen? Wollte er ironisierend und humorvoll die Distanz zu ihm überwinden helfen? Jedenfalls ist ihm das gelungen, was er selbst als seine Intention formuliert hat: einfach zu neuem Nachdenken über Karl Marx anzuregen.

• Das Karl-Marx-Denkmal

• Die Marx-Figuren von Ottmar Hörl

9 Das Karl-Marx-Denkmal

Anlässlich des 200. Geburtstags wird die Volksrepublik China der Geburtsstadt von Karl Marx ein Denkmal des Philosophen schenken. An dem Platz, an dem es aufgestellt werden soll, steht jetzt noch ein entsprechender Dummy. 6,30 Meter hoch soll die vom chinesischen Künstler Wu Weishan angefertigte Bronzestatue sein! Nach einer heftigen Diskussion hat sich der Trierer Stadtrat schließlich mit großer Mehrheit entschlossen, das Geschenk anzunehmen. Doch kritische Stimmen hierzu wollen nicht verstummen. Wohl mit Recht hat man auf die Tatsache hingewiesen, dass der größte Sohn der Stadt in seiner Heimat überhaupt kein Denkmal hat. Aber passt die geplante Skulptur wirklich zu unserem ästhetischen Empfinden und wird diese Form dem, der geehrt werden soll, in irgendeiner Weise gerecht? Vor allem aber ist zu bedenken, dass man mit der Annahme des Geschenks auch den Geber selbst würdigt. Ist die Marx-Statue als Gabe eines turbokapitalistischen Landes, das zu den größten Zerstörern unserer natürlichen Lebensgrundlagen gehört, sich weltweit am »Land Grabbing« und an der Ausbeutung von Rohstoffen beteiligt und ein äußerst autoritäres Regime installiert hat, nicht eher ein vergiftetes Geschenk? Man darf in diesem Zusammenhang Vergil zitieren, der in seiner *Aeneis* den Priester Laokoon sprechen lässt: »Ich fürchte die Danaer, auch wenn sie Geschenke bringen!«

10 Marx lebt! Ein Doppelgänger als Touristenattraktion

Wer durch die Trierer Innenstadt flaniert und dabei am Geburtshaus von Karl Marx vorbeikommt, der kann mit ein bisschen Glück dem Philosophen leibhaftig begegnen – in Form seines inzwischen berühmten Doppelgängers Michael Thielen. Die äußere Ähnlichkeit, vor allem die Haartracht und der beeindruckende Vollbart, ist frappierend. Thielen kommt wie Marx selbst auch aus Trier. Der Philosoph habe ihn, so erzählt er selbst gern, entscheidend geprägt und ihm geholfen, sich von seinem anerzogenen Katholizismus und von der Kirche zu emanzipieren. Die Bedeutung des Philosophen bringt er selbst prägnant auf den Punkt: »Marx ist das Versprechen für ein freies Leben.«

• Der Doppelgänger Michael Thielen

11 Wallfahrt zum »heiligen Höschen«

Der heilige Rock Christi, angeblich von Kaiser Konstantins Mutter Helena aufgefunden, ist bis heute in Trier Gegenstand der Verehrung. Die regelmäßig durchgeführten Wallfahrten zur sonderbaren Reliquie erfreuen sich unter Katholiken nach wie vor großer Beliebtheit. Natürlich war die Verehrung des »Heiligen Rocks« auch stets Gegenstand beißenden Spotts. Bekannt ist etwa das aus dem 19. Jahrhundert stammende Spottlied, in unserer Zeit von Hannes Wader neu interpretiert: »Freifrau von Droste-Vischering zum heil'gen Rock nach Trier ging«. Anlässlich der Heilig-Rock-Wallfahrt 2012 hatte eine Künstlergruppe, angeführt von Helmuth Schwickerath, die Idee einer großartigen Persiflage. Herhalten hierfür musste kein anderer als Karl Marx!

So kann man heute unweit des Karl-Marx-Hauses in einer Auslage die »heilige Unterhose« von Karl Marx bewundern, wie es sich gehört, auf einem Triptychon aufgespannt. Zur Linken der Marx-Reliquie ist Helene Demuth, die Haushälterin der Familie Marx, abgebildet, zur Rechten die bekannte Politikerin der LINKEN, Sahra Wagenknecht. Natürlich gehört zur Glaubwürdigkeit einer Reliquie auch immer eine entsprechende Legende: Helene Demuth habe einmal auf einer Reise in ihre saarländische Heimat die Unterhose von Karl Marx zum Stopfen mitgenommen. Sie sei dann versehentlich bei ihrem Schwager gelandet und war lange Zeit verschollen, bis man sie jüngst wieder auffand, was der Marx-Verehrung nun zu neuem Schwung verhilft.

Wie hätte Marx wohl auf diesen Ulk reagiert? Bekannt ist zumindest, dass der junge Marx zu ähnlichen persiflierenden Verspottungen der Religion neigte. Wie bereits oben erwähnt (S. 16 f.), soll er zu Ostern zusammen mit Bruno Bauer auf einem Esel durch Bad Godesberg geritten sein, um den Einzug Jesu in Jerusalem in Szene zu setzen.

• Das »heilige Höschen«

12 Karl-Marx-Universität?

Die Universität Trier wurde erst 1473 gegründet, verfügt aber dennoch über eine wechselvolle Geschichte – so musste die Stadt z. B. nach den Wirren der Französischen Revolution bis zum Jahr 1970 auf die Rückkehr ihrer Universität warten. Seit 1970 bereits schwelt der Streit um die Neubenennung der mit knapp 15 000 Studierenden eher kleineren Hochschule. Während andere Universitäten sich gern mit den hervorragenden Gelehrten an ihrem Standort schmücken und sich nach ihnen benennen, ist der politisch umstrittene Karl Marx tabu. Der AStA, das Studierendenparlament, war stets mehrheitlich für die Umbenennung in »Karl-Marx-Universität« und will in diesem Streit auch nicht nachgeben. Zuletzt war es der LINKEN-Politiker Gregor Gysi, der anregte, man könne den 200. Geburtstag des Philosophen zum Anlass nehmen, die Universität nach ihm zu benennen. Wie immer man auch zu Karl Marx stehen mag – dies wäre jedenfalls eine angemessenere Würdigung als jedes Denkmal. Wieder einmal scheint sich die neutestamentliche Weisheit zu bestätigen, dass ein Prophet in seiner Heimatstadt nichts gilt, und Karl Marx teilt hier das Schicksal anderer prominenter Persönlichkeiten, deren Heimatstädte ein zumindest ambivalentes Verhältnis zu ihren Geistesgrößen haben: z. B. Düsseldorf zu Heinrich Heine, Köln zu Heinrich Böll, Mainz zu Anna Seghers. Vielleicht sollte man sich mit dem Gedanken anfreunden, dass gerade die innovativen Geister immer auch umstritten sein werden.

• Universität Trier: bald Karl-Marx-Universität?

Literaturverzeichnis

1. Schriften von Karl Marx

MARX 2016
Marx, K.: Der kleine Marx. Bestechende Gedanken eines Kritikers. Herausgegeben von Bruno Kern. Wiesbaden 2016.

MARX 2015
Marx, K.: Texte – Schriften. Ausgewählt, eingeleitet und kommentiert von Bruno Kern. Wiesbaden 2015 (zitiert als »TS«).

MEW
Marx, K. / Engels, F.: Werke (hrsg. vom Institut für Marxismus-Leninismus beim ZK der SED, Bde. 1–40). Berlin 1956 ff. (zitiert als »MEW« mit entsprechender Band- und Seitenzahl).

GRUNDRISSE
Marx, K.: Grundrisse der Kritik der politischen Ökonomie (Rohentwurf). Berlin 1974 (zitiert als »Grundrisse«).

2. Biografien

ATTALI 2005
Attali, J.: Karl Marx ou l'esprit du monde. Paris 2005.

MEHRING 2001
Mehring, F.: Karl Marx. Geschichte seines Lebens. Essen 2001.

SPERBER 2013
Sperber, J.: Karl Marx. Sein Leben und sein Jahrhundert. München 2013.

3. Sekundärliteratur

BANNING 1966
Banning, W.: Karl Marx. Leben, Lehre und Bedeutung. München 1966.

BLOCH 1980
Bloch, E.: Atheismus im Christentum. Frankfurt a. M. 1980.

FETSCHER 1985
Fetscher, I.: Karl Marx und der Marxismus. Von der Ökonomiekritik zur Weltanschauung. München 1985.

FETSCHER1983
Fetscher, I.: Der Marxismus. Seine Geschichte in Dokumenten. Philosophie – Ideologie – Ökonomie – Soziologie – Politik. München 1983.

FROMM 1963
Fromm, E.: Das Menschenbild bei Marx. Frankfurt a. M. 1963.

KERN 2010
Kern, B.: Die bedeutendsten Grabreden. Wiesbaden 2010.

KERN 2017
Kern, B.: »Es rettet uns kein höh'res Wesen«? Zur Religionskritik von Marl Marx – ein solidarisches Streitgespräch. Ostfildern 2017.

KOLAKOWSKI1981
Kolakowski, L.: Die Hauptströmungen des Marxismus. Entstehung – Entwicklung – Zerfall. 3 Bde., München 1981.

LÖWITH 1981
Löwith, K.: Von Hegel zu Nietzsche. Der revolutionäre Bruch im Denken des 19. Jahrhunderts. Hamburg 1981.

POST 1969
Post, W.: Kritik der Religion bei Karl Marx. München 1969.

SARKAR 1999
Sarkar, S.: Die nachhaltige Gesellschaft. Eine kritische Analyse der Systemalternativen. Zürich 1999.

ULLRICH 1979
Ullrich, O.: Weltniveau – In der Sackgasse des Industriesystems. Berlin 1979.

WEISCHEDEL 1975
Weischedel, W.: Die philosophische Hintertreppe. 34 Philosophen in Alltag und Denken. München 1975.

WEISS 2015
Weiß, V.: Moses Hess. Rheinischer Jude, Revolutionär, früher Zionist. Köln 2015.

Karl Marx /
Bruno Kern (Hrsg.)

Der kleine Marx

Bestechende Gedanken
eines Kritikers

Gebunden mit
Schutzumschlag
160 Seiten
Format 12,5 × 20 cm
ISBN 978-3-7374-1039-7

Marx is back! Mit Beginn der 1990er-Jahre schien der Sozialismus gescheitert, der Kommunismus besiegt. Und ebenso wie dem Trabi erging es dem Gedankengut von Karl Marx. Beides verschwand, wurde für überholt und nichtig erklärt. Doch es sollte anders kommen. Mit zunehmender Globalisierung, der um sich greifenden Banken- und Finanzkrisen sowie der sozialen und ökologischen Ausbeutung ganzer Erdteile gewannen auch die Ideen und Schriften von Marx in ungeahntem Maß an Aktualität. Marx' Kritik an einem ungehemmten Kapitalismus ist aktueller denn je. 2013 erklärte die UNESCO seine Schriften gar zum »Weltdokumentenerbe«. Dieser kompakte Band vereinigt die zentralen Gedanken und Thesen, die zur Essenz des Marx'schen Denkens zählen. Wer erste Einblicke und einen anregenden, hellsichtigen und unterhaltsamen Zugang in die Gedankenwelt eines der großen humanistischen Denker unserer Zeit erhalten möchte, wird um diesen »kleinen Marx« nicht herumkommen.

www.verlagshaus-roemerweg.de

Bildnachweis

akg images Cover, S. 9, 12, 15, 17, 19, 21, 25, 27, 28, 31, 35, 38, 39, 59, 67, 77, 81, 83, 86, 87, 89, 98, 107, 114, 120, 123, 128, 150, 151
mauritius images S. 22
picture alliance / dpa S. 138, 139, 142, 147, 148, 149, 152
wikicommons S. 95, 116, 140, 145

Autor und Verlag haben sich bis Produktionsschluss intensiv bemüht, alle weiteren Inhaber von Abbildungsrechten ausfindig zu machen. Personen und Institutionen, die möglicherweise nicht erreicht wurden und Rechte verwendeter Abbildungen beanspruchen, werden gebeten, sich nachträglich mit dem Verlag in Verbindung zu setzen.

FSC
www.fsc.org
MIX
Papier aus verantwortungsvollen Quellen
FSC® C083411

Impressum

Bruno Kern
KARL MARX
Ökonom – Redakteur – Philosoph

ISBN: 978-3-7374-0257-6

www.verlagshaus-roemerweg.de

Umschlag & Satz: Anja Carrà, Weimar
Lektorat: Timo Suchomelli, Wiesbaden
Gesamtherstellung: CPI books GmbH, Leck – Germany